# LE GÉNÉRAL CHANZY

LE GÉNÉRAL CHANZY

# LE

# GÉNÉRAL CHANZY

PAR

G. FÉLIX

TOURS
ALFRED CATTIER, ÉDITEUR

1895

# LE GÉNÉRAL CHANZY

## CHAPITRE PREMIER

### LE CARACTÈRE DE CHANZY

« Tu es de la race des grands hommes de guerre ; je lis cela dans ton œil aussi facilement qu'on lit dans celui d'un cheval de Sétif le nom de sa famille. »

C'est par ces paroles imagées qu'Abd-el-Kader, le fameux chef arabe, avait un jour salué, sur la terre d'Afrique, le jeune soldat qui devait être plus tard le général Chanzy.

L'Afrique, en effet, nous a donné Chanzy ; c'est sous son ciel brûlant que la vie militaire l'a saisi, qu'il a été façonné à cet âpre métier. Mais il ne fut pas seulement un grand homme de guerre, il fut encore un grand citoyen et un grand chrétien ; ajoutons qu'il fut un noble et héroïque vaincu. Rarement le flambeau de la victoire éclaira sa marche triomphale, mais toujours la prudence et le génie du savoir-faire guidèrent ses merveilleuses retraites. Il défend une cause qu'il sait perdue d'avance, et il la défend avec l'enthousiasme du soldat qui croit au succès, car il comprend que, s'il ne lui est pas donné de conserver à la France l'intégrité de son territoire, ni de repousser les colonnes ennemies qui l'envahissent, il a, du moins, à lui garder sa dignité nationale. Pour cela, pour ce bien moral dont il sait la valeur, il déploie sur le champ de bataille une volonté intrépide et une bravoure inouïe. Il recule, mais il recule en combattant, ne voulant pas que la postérité pût lui reprocher d'avoir cédé à l'ennemi un pouce de terrain qui, auparavant, n'ait été arrosé du plus généreux sang de la France.

Dégagé de toute idée de gloire personnelle, Chanzy n'a qu'une ambition : sauver l'honneur de son pays ; et ceux qui se souviennent du drame funèbre d'où la France est sortie mutilée et meurtrie arrêtent leur pensée consolée et fière encore sur l'image de Chanzy.

Le secret de sa fermeté, de sa constance, se trouve

tout entier dans le sentiment du devoir qu'il portait si haut. Sur ce terrain, le général Chanzy ne comprenait ni l'hésitation ni les compromis ; le devoir était sa règle unique : grande, austère, cruelle parfois, il n'en a jamais dévié. D'ordinaire paternel et indulgent, il devenait d'une sévérité implacable lorsqu'il s'agissait d'un devoir à remplir, d'un intérêt grave à sauvegarder. Un épisode tragique, qu'il racontait lui-même avec une émotion qu'il ne cherchait pas à dissimuler, peint dans sa rude vertu ce caractère plein de force et de franchise.

Peu de temps après la paix de Bordeaux, on vint, un jour, prévenir le général qu'un étranger demande à lui parler.

C'était un vieillard en grand deuil, l'air martial, la tournure militaire, les cheveux blancs.

« Général, dit l'inconnu, je vous demande pardon de vous déranger, mais j'habite la province. J'ai perdu mon fils aux environs du Mans, dans un des combats qui ont précédé la dernière bataille... et, malgré mes recherches, je n'ai pu découvrir l'endroit où il est tombé. Je voudrais pourtant recueillir son cadavre.

Je porte un nom assez connu pour que celui de mon fils vous ait peut-être frappé. Pouvez-vous me dire où mon enfant est mort ? »

Et le visiteur se nomma.

C'était un des plus beaux noms de la province.

Le général se sent pâlir, ses yeux se mouillent de larmes, il regarde avec pitié ce père qui lui demande où son fils a péri en défendant glorieusement son pays.

Hélas ! — le général ne s'en souvient que trop — ce jeune homme arrêté dans un groupe de fuyards, excitant les autres à la désertion et à la déroute, avait été fusillé contre la muraille d'une petite ferme de la Sarthe.

Cet acte de sévérité, le chef l'avait jugé nécessaire à la discipline de l'armée. Le général eût voulu, peut-être eût-il pu cacher à cet homme qui avait été soldat la mort ignominieuse de son enfant, mais la tentation de ce mensonge ne lui vint même pas. Le justicier dit tout entière la cruelle vérité : « C'était la nécessité et c'était la loi, Monsieur !... »

Une émotion violente passa sur les traits du malheureux père : « Puisqu'il avait fait le premier pas dans la fuite, dit-il, mieux valait qu'il n'en fît pas un second. Vous avez bien agi, général. Le père pleure, le Français vous remercie ! »

L'impassibilité, la froideur apparente s'unissaient chez Chanzy à l'élan, à l'impétuosité et à une merveilleuse rapidité de conception. Ces qualités réunies, qui, au premier abord, semblent devoir s'exclure, faisaient sa véritable supériorité. Son extérieur révélait ce talent exceptionnel ; il avait le front large, découvert, toujours serein ; les yeux bleus, doux et brillants ; la physionomie souriante. Son accueil était plein d'aisance et d'affabilité : on devinait en lui l'homme qui sait supporter les revers et dominer les événements. Jamais, même dans les situations les plus désespérées, on ne le vit donner un signe de découragement ; moins fier après un succès qu'après un revers, Chanzy subit la défaite sans jamais la ratifier, et « son épée a glorieusement parafé plusieurs des chapitres qui relèvent la fierté nationale au milieu des hontes accumulées et des deuils irréparables.

« Qu'on prenne les plus hauts faits de guerre ! On

pourra trouver des capitaines plus habiles ou plus heureux que Chanzy ; on n'en trouvera pas un qui ait surpassé son impassibilité dans le malheur, sa fermeté dans l'action. M. de Moltke n'a pas hésité à lui rendre justice : « Il est de ces généraux bien rares, a-t-il dit, qui peuvent commander cent cinquante mille hommes sans perdre la tête[1]. »

Mais « les plus forts sont les plus tendres », et l'austère soldat était, au milieu des siens et pour tous ceux qui l'approchaient, d'une bonté excessive ; ses joies les plus douces étaient celles du foyer domestique. « Le voile, a dit l'évêque de Châlons, qui couvrait les mystères charmants de sa vie intime, a été soulevé devant mes yeux, et j'ai entrevu des tableaux de famille dignes des temps les plus antiques et les plus beaux de l'Église sans qu'on puisse dire auquel des deux, de sa noble compagne ou de lui, en revenait le principal mérite. »

Au jour de la Confirmation de sa fille cadette, dans l'église de Buzancy, on le vit tout à coup pâlir et pleurer. « J'ai souvent vu la mort sans trembler, di-

[1] Edmond Deschaumes.

sait-il après la cérémonie à l'archevêque de Reims, mais j'ai tremblé tout à l'heure quand vous avez interrogé ma fille sur le catéchisme. »

Dans une lettre du 10 janvier 1886, Mgr Lavigerie, après avoir représenté Chanzy heureux du mariage de sa fille aînée et « tout rayonnant du bonheur de son enfant », rappelle la douleur « si sainte et si vraie » du général aux funérailles de son fils Lucien, mort, à sept ans, d'un terrible accident. « Vous vous souvenez de ses sanglots qui révélaient la tendresse du père. J'hésitais à prendre la parole, pour ne pas prolonger tant d'émotion. Mais, sachant que je devais parler du bonheur réservé aux enfants qui quittent la vie avant même d'avoir connu ses souillures, il voulut que je montasse dans la chaire pour entendre cette vérité. Quel spectacle et quel discours ! Ce général, qui n'avait pas désespéré de la France, désespéré vraiment auprès de son fils qui n'était plus, se relevant un moment aux pensées de la foi et se prenant à sangloter encore, jusqu'à ce qu'enfin je descendis pour le conduire à l'entrée du caveau où nous déposions le cercueil ! Cher général ! je n'oublierai jamais son serrement de main et son regard à ce moment où, certes, l'homme ne cherchait pas à cacher son âme. Je la vis tout entière, et rien ne m'enlèvera l'espérance que Dieu l'a reçue dans sa miséricorde, auprès de l'enfant qu'il pleurait alors. »

A cette tendresse pour les siens s'unissait chez Chanzy une compassion généreuse pour ceux qui souffrent. Un jour, il reçut dans son palais de Mustapha la visite de l'archevêque d'Alger, qui venait l'intéresser à la triste situation de la veuve d'un officier supérieur qui ne pouvait payer une somme de trois mille francs impitoyablement réclamée. « Général, dit Mgr Lavigerie, si l'on venait annoncer un jour à l'un de vos compagnons d'armes que votre enfant est dans une situation semblable, comment voudriez-vous qu'il répondît ? »

Le lendemain, Chanzy faisait discrètement remettre à la pauvre veuve les trois mille francs.

Un autre trait distinctif du caractère de Chanzy, c'était son amour très vif pour le sol natal : on retrouvait toujours en lui l'Ardennais à la figure douce et sérieuse, aux habitudes pensives et graves, à la volonté ardente et ferme. C'est dans ses chères Ardennes qu'il aimait à chercher de temps à autre un peu de solitude et de calme, à goûter un repos chèrement acheté ! « Nous nous rappelons tous, écrit un de ses compatriotes, avec une vive émotion, la joie que le général manifestait à chacun de ses retours parmi nous, l'accueil affectueux et bienveillant qu'il réservait à tous les compagnons de son enfance, aux amis de toute sa vie. »

« Il était bien de notre famille à tous, a dit un autre, il n'a jamais cessé de porter un intérêt particulier au pays qui l'a vu naître, et, de notre côté, pourquoi ne l'avouerions-nous pas ? nous étions fiers de sentir de plus près les rayons de cette gloire d'un des nôtres. Doué du caractère à la fois le plus noble et le plus simple, il est toujours resté accessible à tout le monde, et nous devons ajouter que jamais une cause digne et juste n'a été privée de son appui. »

N'oublions pas de dire que Chanzy était un catholique et un catholique fervent ; il avait l'intrépidité de sa croyance qu'il considérait comme la « source du vrai patriotisme, des idées généreuses et de l'honneur. » Et qui mieux que lui pouvait parler de générosité, d'honneur et de patriotisme ?

Ces trois sentiments se retrouvent dans sa noble parole aux membres de la Commission militaire de l'armée qui proposaient de rétablir la dignité de maréchal.

Chanzy, « le seul en ligne pour cette haute distinction », s'écria : « Que les généraux français qui veulent le bâton de maréchal de France aillent le chercher de l'autre côté du Rhin ! »

Mais, si cette parole révèle l'ardent patriotisme de Chanzy, elle révèle mieux encore sa modestie. « Il était modeste tout naturellement, tout bonnement, comme l'est un homme qui n'a d'autre prétention que de faire son devoir, qui tient plus au fond qu'à la forme, déteste les grands mots et laisse son action parler pour lui... » Il n'a été le courtisan de personne ; sous le second Empire, il a conquis tous ses grades sans intrigues, sans protection ; sous la troisième République, il ne flatte ni Thiers ni Gambetta : homme simple et grand, a-t-on dit, qui sans chercher la popularité, sans jamais faire de lâches concessions aux passions ou aux préjugés éphémères des partis, sût arriver à la gloire la plus pure par son seul mérite. Il pensait plus à la patrie qu'à sa fortune, et sa plus grande satisfaction fut d'être utile à son pays. « Servir la patrie, disait-il, ce doit être notre seul but, notre unique pensée [1]. »

[1] Arthur Chuquet.

---

## CHAPITRE II

LA NAISSANCE DE CHANZY. — SES PREMIÈRES ÉTUDES. — LE SÉJOUR EN ALGÉRIE ET LA BATAILLE D'ISLY. — LA CAMPAGNE D'ITALIE.

La nature avait taillé Chanzy pour les grandes choses : simple, droit, énergique, il avait ce qui fait les héros, et cependant rien dans son origine ni dans sa première enfance n'avait pu faire soupçonner sa glorieuse destinée.

Antoine-Eugène-Alfred Chanzy naquit à Nouart, canton de Buzancy, le 18 mars 1823.

Les Chanzy étaient des laboureurs et des soldats. Cette modeste famille, établie depuis longtemps dans les Ardennes, comptait parmi ses membres un capitaine de cuirassiers. De plus, le père de notre héros, engagé en 1807 dans un régiment de la même arme, avait été blessé quatre fois dans les campagnes de 1809, 1812, 1813 et 1814. Rentré dans ses foyers en 1816, avec le grade de lieutenant et les décorations du Lis et de la Légion d'honneur, il devint, en 1821, receveur des contributions indirectes à Nouart. Il s'y maria à Marie-Aurore Nicaise et, quand le bon Dieu lui eut envoyé un fils, il berça l'enfant du récit de ses batailles. Les histoires guerrières firent sur cette jeune imagination une impression très vive : tout petit, l'enfant eut le goût des armes et rêva de belliqueuses aventures.

La vie du marin lui parut répondre à ses aspirations, et, ses premières études terminées au collège de Sainte-Menehould, il entra au collège royal de Metz, caressant dès lors le projet d'arriver plus tard à l'école navale de Brest.

Le jeune étudiant avait-il pour les mathématiques les aptitudes nécessaires, travailla-t-il avec assez d'ardeur, la crainte de l'examen intimida-t-elle ses réponses? c'est ce que nous ignorons; toujours est-il qu'Alfred Chanzy échoua.

Ce fut une lourde épreuve pour l'adolescent qui vit un instant se fermer devant lui la carrière qu'il avait choisie. Mais Chanzy était un caractère : le premier moment de chagrin passé, il reprit courage, et, le 4 décembre 1839, s'engagea bravement sur le vaisseau *le Neptune*, qui partait en croisière pour les côtes d'Afrique et de Syrie.

L'heure semblait propice au jeune homme, et son voyage à Beyrouth fut un long rêve de gloire. Hélas ! il devait s'évanouir sous les murs de la grande ville orientale : les escadres unies d'Autriche et d'Angleterre ayant osé bombarder Beyrouth sous les yeux de la flotte française, les soldats, frémissants d'indignation et de patriotisme, voulurent répondre, mais un ordre contraire arriva, la flotte fut rappelée, et *le Neptune* revint.

Le jeune homme irrité et déçu prit en aversion la carrière qui l'avait si profondément séduit ; son année de service achevée, il vint chercher sur la terre ferme une voie nouvelle qui flattât encore son esprit aventureux, mais ne lui réservât plus d'aussi dures déceptions. Dès qu'il eut atteint les dix-huit ans réglementaires, il s'engagea dans un régiment d'artillerie en garnison à Metz, et son service lui laissant des heures de loisir, il en profita pour se remettre à suivre les cours du collège royal.

Après six mois d'un travail opiniâtre il se présenta à l'école militaire de Saint-Cyr.

Il y avait témérité à tenter si tôt cette nouvelle épreuve. On pouvait craindre qu'une préparation aussi rapide eût été insuffisante, et Chanzy ne se présenta pas à l'examen sans une certaine appréhension.

Il fut reçu, non pas brillamment — il arrivait le cent trente-troisième sur cent trente-huit, — mais enfin il y était, et son zèle au travail ne tarda pas à lui assigner une place meilleure. Quand il quitta Saint-Cyr, il fut nommé, le 1er octobre 1843, sous-lieutenant dans le régiment des zouaves qu'avait formé l'illustre Lamoricière, et partit pour Blidah en Algérie.

Il y a dans l'histoire de notre siècle un jour mémorable : c'est celui où le dey d'Alger, Hussein-Pacha, s'oublia jusqu'à frapper au visage d'un coup d'éventail le consul de France. Cet outrage ajouté à tant d'autres devait faire déborder la coupe, allumer la juste indignation du vieux peuple franc et changer les destinées de l'Afrique musulmane.

Enfin, les chrétiens allaient être délivrés d'un esclavage de douze cents ans, et la France, sans le savoir, sans le vouloir peut-être, allait recommencer une nouvelle croisade et poursuivre les *gesta Dei per Francos*. Le nid de pirates qui depuis des siècles défiait les efforts de la chrétienté, qui avait résisté aux flottes de Charles-Quint et au bombardement de Duquesne, allait être détruit.

Le 19 juin 1830, l'armée française, forte de trente mille hommes, livrait aux Arabes la sanglante bataille de Staouëli, qui fut une victoire.

La conquête de l'Algérie, ainsi commencée sous les derniers jours du règne de Charles X, se poursuivit pendant les dix-huit années du règne de Louis-Philippe. Le fanatisme des Arabes, habilement entretenu par l'émir Abd-el-Kader qui prêchait la *guerre sainte*, tenait perpétuellement en éveil les troupes françaises. C'était, chaque jour, de nouveaux coups de main, des courses infatigables, des luttes sans cesse renouvelées contre les tribus musulmanes. Le vaillant émir glissait entre les doigts de ses ennemis quand ils croyaient s'en être emparé ; d'une mobilité prodigieuse, il réussissait à se créer en peu de jours de nouveaux partisans, à se procurer des provisions abondantes, des chevaux frais et reposés. Savoir où il se trouvait était fort difficile, l'atteindre et s'en emparer semblait presque impossible ; aussi les petites expéditions, les surprises, razzias, marches et contre-marches se succédaient-elles sans interruption et venaient mouvementer, selon ses aspirations et ses goûts, la vie du jeune zouave.

Abd-el-Kader, partout vaincu et pourchassé, avait été contraint, au commencement de 1844, de se réfugier sur la frontière du Maroc. Pour continuer la lutte, il ne lui restait plus qu'une ressource : obtenir le concours de cet empire. Depuis longtemps la France avait de ce côté des difficultés de frontières et des incursions à repousser. Sous l'influence d'Abd-el-Kader qui recommençait à prêcher la *guerre sainte* chez les tribus marocaines, ces incursions devinrent plus menaçantes, et Lamoricière, qui commandait dans la province d'Oran, voyait le danger grossir et prenait ses précautions. Enfin, le 6 août, la flotte, commandée par le prince de Joinville, ouvrait les hostilités par le bombardement de Tanger.

De son côté, le général Bugeaud se préparait à livrer aux troupes marocaines une bataille décisive au-delà d'un petit cours d'eau dont le nom allait devenir fameux, l'Isly. L'armée ennemie comptait 60,000 hommes, les Français n'en avaient que 10,000, mais solides, et avec l'élite des officiers d'Afrique : Lamoricière, Bedeau, Cavaignac, Pélissier, Tartas, Mores, Jusof.

« Le 12 août, les troupes furent prévenues qu'elles allaient prendre l'offensive. Dans la soirée eut lieu une scène dont le souvenir est resté profondément gravé chez tous ceux qui y assistèrent. Les officiers s'étaient réunis afin d'offrir un punch à ceux de leurs camarades qui venaient d'arriver de France pour prendre part à la campagne. La fête se donnait au milieu du camp, dans une sorte d'enceinte pittoresquement encadrée de lauriers-roses. On causait avec une

LE GÉNÉRAL LAMORICIÈRE

gaieté émue des événements qui se préparaient. Une seule chose manquait, la présence du grand chef. Celui-ci, très fatigué de sa journée, était déjà couché. L'interprète, M. Roches, fut dépêché vers lui. Fort bourré d'abord par celui qu'il réveillait, il le détermina cependant à venir. Les acclamations qui accueillirent le maréchal à son arrivée chassèrent toute sa mauvaise humeur ; on fit cercle : de sa haute taille, il dominait les quatre cents officiers qui l'entouraient. « Après demain, mes amis, s'écria-t-il d'une voix mâle qui portait au loin, sera une grande journée, je vous en donne ma parole. Avec ma petite armée, je vais attaquer l'armée du prince marocain qui s'élève à soixante mille cavaliers. Je voudrais que ce nombre fût double, fût triple, car plus il y en aura, plus leur désordre et leur désastre seront grands. Moi, j'ai une armée ; lui, n'a qu'une cohue. Je vais vous prédire ce qui se passera. Et, d'abord, je veux vous expliquer mon ordre d'attaque.

« Je donne à ma petite armée la forme d'une hure de sanglier. Entendez-vous bien ? La défense de gauche, c'est Bedeau ; le museau, c'est Pélissier, et moi, je suis entre les deux oreilles. Qui pourra arrêter notre force de pénétration ? Ah ! mes amis, nous entrerons dans l'armée marocaine comme un couteau dans du beurre. »

Il accompagnait ces explications de violents gestes de coudes, qui excitaient la gaieté de l'auditoire. Puis, il continua à exposer « l'invincible supériorité des petits groupes organisés sur les grandes masses dépourvues d'organisation, à la condition d'une ferme attitude inspirée par la conscience même de cette supériorité ».

Spectacle singulier que celui de ce général démontrant par avance à son armée la victoire qu'il allait lui faire remporter. Bugeaud paraissait vraiment grand en de pareils moments. L'auditoire était transporté d'enthousiasme, aussi bien les officiers serrés autour du gouverneur que les soldats groupés hors de l'enceinte, sur les escarpements de la vallée, tous fantastiquement éclairés par la lueur des torches, des lanternes en papier de couleur et par les flammes des cinquante gamelles de punch [1]. »

[1] Paul Thureau-Dangin.

Le surlendemain, en effet, dès midi, la victoire était complète. Tout s'était passé comme l'avait prévu le maréchal. Les Français n'avaient que vingt-sept morts et une centaine de blessés. Leurs adversaires laissaient huit cents cadavres sur le champ de bataille. La tente, le parasol et la correspondance du fils de l'empereur, dix-huit drapeaux, onze pièces de canon, des chaînes de fer destinées aux prisonniers français, un butin immense étaient restés aux Français.

Cette célèbre bataille d'Isly avait mis en relief la bravoure de Chanzy et développé ses aptitudes et son admiration pour le métier des armes. Il était là, fier et heureux, au milieu de ses compagnons, quand les chefs arabes du voisinage vinrent, en grand appareil et accompagnés d'une brillante escorte, rendre solennellement hommage au vainqueur des Marocains.

Trois ans plus tard, quand Abd-el-Kader se rendit à Lamoricière, dans cette dernière campagne qui termina la conquête, le jeune soldat fut cité à l'ordre du jour pour son courage exceptionnel.

Successivement nommé lieutenant, puis officier d'ordonnance du général Charon, il fut, en 1851, appelé comme capitaine au 1er régiment de la légion étrangère, et reçut, l'année suivante, le brevet de chevalier de la Légion d'honneur.

Chanzy avait vingt-neuf ans, douze années de service, autant de campagnes, et possédait à fond la langue arabe.

C'est alors qu'il fut détaché aux affaires de la province d'Oran et nommé chef du bureau arabe de Tlemcen.

Ces sortes de pachalikes concentraient les pouvoirs judiciaire, administratif et exécutif.

Pour être à la hauteur de cette tâche aux attributions multiples, il fallait un administrateur et un conquérant. Chanzy était bien l'homme de la situation : intelligence libre et ferme, caractère incorruptible, il avait admirablement saisi les diverses nuances de son gouvernement, et sut se faire aimer de ceux qui le redoutaient. Les indigènes disaient de lui : « C'est le délégué juste du sultan des Français. »

Chanzy avait glorieusement commencé en Afrique

LE MARÉCHAL BUGEAUD

la carrière des armes ; mais la campagne d'Italie allait offrir à son ardeur un théâtre nouveau et le familiariser avec les grands mouvements des troupes régulières.

L'unité italienne, ce rêve si longtemps caressé par Victor-Emmanuel et par son ministre, M. de Cavour, fut le vrai motif de cette guerre injuste, qui peut être regardée comme le premier pas vers la spoliation de Rome.

Napoléon III, encore jeune homme, avait autrefois prêté serment aux sociétés secrètes de Florence de travailler à la réalisation de l'unité italienne si, de leur côté, les francs-maçons l'amenaient au pouvoir. Quand il fut remonté sur le trône de son oncle, il oublia bien vite ses engagements, pensant avec raison que travailler pour l'unité italienne serait, de la part de la France, une faute politique. Mais la bombe d'Orsini vint, hélas ! lui rafraîchir la mémoire et lui apprendre — trop tard — le danger qu'il y a à s'enrôler dans les rangs ténébreux de la Franc-Maçonnerie.

Six mois après l'attentat, une conférence secrète de Victor-Emmanuel et du comte de Cavour avec l'empereur des Français levait les hésitations de ce dernier et préparait, pour le mois de juin 1859, la campagne d'Italie.

Chanzy n'avait pas à se préoccuper des combinaisons politiques ; il était soldat et n'avait qu'à répondre à l'appel de ses chefs et à faire vaillamment son devoir.

Le 4 juin, on entendit gronder le canon à Magenta ; l'affaire fut chaude et sanglante, et, le lendemain, des monceaux de cadavres encombraient Porto-Vecchio où s'était porté le plus grand effort de la lutte. Le régiment de Chanzy, le 23e de ligne, avait refoulé les colonnes autrichiennes et, après un terrible combat, était resté maître du terrain.

Le même régiment prit une part importante à la victoire de Solférino. Dans ces deux mémorables journées, Chanzy se distingua par sa bravoure ; il fut, en récompense de sa belle conduite, promu au grade de lieutenant-colonel au 71e de ligne.

## CHAPITRE III

### LES MASSACRES DU LIBAN. — L'EXPÉDITION FRANÇAISE EN SYRIE. — LE VOYAGE A JÉRUSALEM

Les noms de Liban, de Maronites et de Druses retentissaient de nouveau aux tribunes parlementaires de la France, et la politique européenne tout entière s'occupait des régions libaniques et des peuples qui les habitent.

Le Liban est la plus grande, la plus belle, la plus enviée des possessions de la terre; il a des aspects d'une variété infinie, et presque tous les points en sont cultivables. Les deux peuples qui habitent ces montagnes sont les Druses et les Maronites. Ces derniers, bons chrétiens, excellents catholiques, sont continuellement en lutte contre les Druses et contre les Turcs, leurs éternels oppresseurs. C'est pour cela que les

Maronites construisent leurs villages dans des montagnes d'un accès difficile, afin d'être mieux à même de leur résister. Ces braves gens, redoutant toujours quelque surprise, sont tout à la fois laboureurs et soldats : ils cultivent la terre avec le fusil en bandoulière.

Leur persévérance a fait de leurs montagnes rocheuses un sol fertile et transformé en brillants jardins des cimes qu'on croyait inaccessibles. De fortes murailles construites en gradins retiennent sur le penchant des monts la terre végétale qu'ils apportent sur leurs épaules. Là croissent, avec une merveilleuse exubérance de vie, le figuier, l'oranger, le citronnier, le noyer, l'amandier, la vigne; il y a des champs de blé, de chanvre et d'oliviers. La race maronite, intelligente et active, serait heureuse si elle n'était la victime de la cruauté et de la cupidité des ses voisins. Or, en 1860, la Syrie était le théâtre d'affreux événements : de là, la préoccupation des puissances européennes au sujet de ces régions.

Les Druses, barbares et idolâtres, s'étaient unis aux Turcs pour massacrer sans pitié les pauvres

Maronites. Un coup de canon, venu de Damas, avait été le signal des égorgements, et les soldats musulmans de l'armée régulière s'étaient joints aux assassins.

Ce fut, dans tout le Liban, une horrible boucherie. Dix-sept mille chrétiens, cinq cents églises, soixante-dix écoles ou couvents furent détruits, et près de quatre cents villages livrés aux flammes. Des milliers de femmes et de jeunes filles furent chassées dans les déserts ou traînées dans les rues de Damas.

La France, alliée séculaire des Maronites, s'émut enfin de tant d'atrocités, et six mille Français furent envoyés dans le Liban pour y châtier les Druses.

Le 8 août 1860, le général Beaufort d'Hautpoul, général en chef de l'expédition, s'embarquait à Marseille avec son état-major. Chanzy fut nommé commandant du quartier général et chargé des affaires politiques.

La traversée fut heureuse. Il y eut à Malte une courte relâche, dont les passagers profitèrent pour faire une petite excursion dans l'île et visiter les tombeaux des chevaliers.

Vue de la mer, l'île de Malte est peu élevée, blanche, aride ; mais, à mesure qu'on s'en approche, on voit le long des collines des constructions éparses. La ville de Lavalette, avec ses maisons sans toits, se présente d'abord comme une ville orientale ; seulement les maisons sont mieux bâties, elles ont des fenêtres, des volets, des pilastres et des balcons ; de belles et vastes églises s'élèvent au-dessus des autres édifices, et du haut des tours descend le son des cloches. C'est déjà l'Orient, mais avec les arts, les mœurs et la civilisation de l'Occident.

Le repos dans ces parages ne pouvait être long ; d'autres devoirs attendaient les soldats de la France, et le navire ne tarda pas à arriver dans le port de Beyrouth.

Ce qui frappa surtout les passagers quand ils entrèrent dans la rade de la populeuse cité, ce furent les cimes du Liban qui bordent l'horizon et s'élèvent, hautes et blanches, jusque dans les cieux. La zone inférieure, entre les rochers des montagnes et l'écume de la mer, est couverte d'une magnifique végétation : les grands cèdres dominent le paysage, et les beaux vallons cultivés, parsemés de villages maronites, sont à demi perdus dans les feuillages entrelacés du chêne, du sycomore et de l'oranger.

C'était donc là, au milieu de cette splendide nature, que des cruautés jusqu'alors inouïes s'étaient exercées sur tout un peuple de chrétiens. L'indignation des soldats français et le désir de venger tant de malheurs augmentaient à mesure qu'ils se rapprochaient du théâtre sanglant où s'étaient multipliés ces crimes.

L'abbé Lavigerie, depuis archevêque de Carthage et d'Alger et cardinal de la sainte Église, les avait précédés à Beyrouth pour distribuer aux nations chrétiennes, avec les ardeurs d'un cœur d'apôtre, l'argent recueilli des souscriptions publiques. « C'est en Syrie, raconte à ce sujet le prélat de glorieuse mémoire, c'est en Syrie que je vis Chanzy pour la première fois ; je n'ai pas oublié son ardeur à prendre la défense des chrétiens, qui n'espéraient plus que dans l'épée de la France : Chanzy était dans tout l'éclat de la force et de la vie, déjà également remarquable par sa bravoure, par sa distinction, par sa finesse, et plus encore par sa bienveillance et sa bonté. »

Chanzy, chargé d'aller chercher à Damas et de ramener au général de la petite armée française Fuad-Pacha, commissaire du sultan, ne réussit à le convaincre de la nécessité d'un voyage à Beyrouth qu'après deux jours de discussion et d'hésitation de la part du commissaire.

Chanzy profita de son séjour à Damas pour rendre visite à son ancien et glorieux adversaire d'Isly, le fameux Abd-el-Kader. Il tenait à le remercier de sa généreuse et toute chevaleresque intervention en faveur des chrétiens, dont douze mille devaient au vieil émir d'avoir échappé aux massacres. Ce noble ennemi, vaincu plus encore par la générosité que par les armes de la France, dut rencontrer à cette même époque le futur Primat d'Afrique, et, avec l'intuition que Dieu donne aux grands hommes, saluer en Lavigerie et en Chanzy ceux qui allaient tenir en leurs mains l'avenir de sa patrie et porter à sa chère Algérie une liberté plus grande, plus précieuse que l'indépendance perdue par le sort des armes.

Ce fut encore Chanzy qui se chargea de porter à

LES CÈDRES DU LIBAN

Fuad-Pacha le fier *ultimastum* du général de Beaufort : les Français étaient venus en Syrie afin de châtier les Druses, de concert avec les Turcs ; s'il fallait marcher seuls, ils marcheraient seuls, mais ils pénétreraient dans le pays des Druses par Deir-el-Kamar, leur capitale.

Devant ce langage énergique, Fuad consentit à tout, mais le traître sut prendre ses précautions pour que rien n'aboutît.

Après avoir établi à Beyrouth le commandant Osmond comme commandant supérieur de la place, les Français quittèrent cette ville et se mirent en marche vers Deir-el-Kamar, où ils arrivèrent dès le lendemain, 26 septembre 1860.

Deir-el-Kamar (le couvent de la Lune) est un gros bourg où se trouvent pêle-mêle une mosquée, une église, un harem, des cours, des galeries, des jardins, également silencieux et tombant en ruines. Rien n'y rappelle les magnifiques descriptions que M. de Lamartine et tant d'autres voyageurs ont faites jadis de son palais mauresque et de ses tours percées d'ogives, des bassins et des pavés de marbre ; tout cela a depuis longtemps disparu sous l'action doublement destructive du temps, de la mollesse des habitants, et les derniers événements n'y avaient guère laissé que des maisons à demi détruites par des incendies successifs.

Les Français, du reste, s'occupèrent peu de ces souvenirs et de ces détails d'architecture ; le spectacle de désolation qui s'offrit à eux dépassa tout ce qu'ils avaient imaginé. « Les plus aguerris, raconte un des témoins, ceux qui ont vu de sang-froid ces milliers de cadavres, dans les champs de Crimée et de Solférino, ne purent retenir leur émotion en arrivant à Deir-el-Kamar, à Beet-Eddin et à Djézin. Des monceaux de cadavres en putréfaction étaient accumulés près des lieux où campaient les Turcs. On voyait les traces des tortures qu'on avait fait subir aux chrétiens ; leurs visages et leurs membres étaient encore contractés. Les bûchers, que leurs bourreaux avaient dressés pour les brûler vifs, étaient encore au milieu des rues. Ces misérables avaient imaginé toutes sortes de tortures et dépassé le paganisme romain dans sa fureur contre les premiers martyrs du christianisme.

Nos soldats ont encore trouvé un pauvre enfant crucifié contre la croisée d'une fenêtre. Aussi étaient-ils indignés de l'impudence de Fuad-Pacha de se plaindre qu'ils ne voulussent pas fraterniser avec les soldats turcs. Les sympathies des soldats français ne pouvaient être que pour des chrétiens. Dès leur arrivée à Beyrouth, ces derniers les avaient salués comme leurs libérateurs ; nos soldats avaient partagé leur soupe avec eux. Beaucoup de pauvres veuves les avaient suivis lorsqu'ils avaient quitté la ville.

« L'une d'elles, en rentrant dans son village, était devenue folle, en voyant tous les siens massacrés. Une autre, en apercevant un Druse, le reconnaît pour l'assassin de son mari et demande justice. dn lui dit d'en faire ce qu'elle voudrait : elle s'élance alors sur lui, son couteau à la main, et lui perce le cœur.

« Les Turcs avaient entassé leurs victimes dans certaines chambres ; les malheureuses femmes montaient sur ces amas de cadavres en putréfaction et fouillaient au travers, jusqu'à ce qu'elles eussent retrouvé ceux qu'elles cherchaient ; elles les serraient alors dans leurs bras et leur baisaient le visage. »

Tandis que les Druses fuyaient devant la petite armée, les malheureuses populations chrétiennes venaient à sa rencontre, les mains tendues comme vers leurs sauveurs.

Les Français, fidèles à leur mission, poursuivaient les Druses fuyants, mais ceux-ci disparaissaient avec une incroyable adresse, et l'on acquit bientôt la certitude que les soldats turcs, postés par Fuad-Pacha pour fermer les défilés, étaient de connivence avec eux et leur livraient le passage. Ils pouvaient ainsi se glisser dans le Haouran, où il n'était plus possible de les atteindre.

Les soldats durent renoncer à la juste répression dont ils étaient chargés, mais l'inaction ne va pas au tempérament français : au milieu des ruines amoncelées, leur bon cœur, leur générosité s'émut, et ils se mirent à aider les Maronites à reconstruire leurs villages détruits. Transformés en charpentiers et en maçons, ils travaillaient activement, gaiement, et rendaient le courage et l'espoir à ces populations abattues.

Les officiers s'occupaient à faire renaître partout l'ordre public, les administrations communales ; on recueillait les enfants, on rouvrait les écoles. Chanzy fut établi grand juge du pays. Secondé par son ami, le commandant Cérez, il fit merveille, et les chrétiens avaient en ces deux chefs une confiance aveugle. Ces intelligents administrateurs furent bientôt au courant de tout ce qui se passait et finirent par connaître le Liban aussi bien qu'ils avaient connu précédemment les colonies africaines.

Chanzy demanda alors et obtint un congé de quinze jours pour visiter la Palestine.

Ici le soldat fait place au chrétien ; il ne veut pas avoir passé si près de la Terre sacrée sans en avoir baisé le sol, sans avoir prié dans les lieux chers à la piété des fidèles. Muni de lettres de recommandation, il partit avec M. Louet, payeur général de l'armée, le comte de Recuerdo, fils de la reine Christine, le duc de Nianzarès et trois autres compagnons de route.

Les cités antiques que visitèrent d'abord les voyageurs furent Tyr et Sidon (Sour et Saïda). Ces deux villes, si célèbres dans l'antiquité, n'ont rien gardé de leur lointaine splendeur. Tyr fut mêlée à tous les grands événements des temps anciens, ses habitants étaient les princes de la terre, leurs demeures étaient des palais de marbre et d'or, où retentissaient d'éternels concerts. Tombée aujourd'hui dans la désolation et le mépris, la ville actuelle, avec ses rues noires et pleines d'ossements, ressemble plutôt à un cimetière qu'à une ville.

Sidon est sale et mesquine, et son port, où mouillaient autrefois les navires du monde connu des anciens, offre aujourd'hui à peine un mètre d'eau de profondeur. On n'y voit que quelques petites barques de pêcheurs attachées au rivage. Et c'est là Sidon... qui fut surnommée le *flambeau de toute la terre*, qui a inventé l'écriture, la navigation, les arts qui ont préparé la civilisation du monde. « Le berceau des sciences humaines en est devenu le tombeau. »

Ces antiques souvenirs pâlissaient pour Chanzy devant les traces glorieuses de ses ancêtres, que partout,

VUE DE JÉRUSALEM

dans ce pays, le voyageur français rencontre sous ses pas. A Sidon comme à Saint-Jean d'Acre, à Damas comme à Tyr ou à Jérusalem, on retrouve les malheurs ou la gloire de la France, et les voyageurs se rappelaient que la vertu de saint Louis se montra jusqu'à l'héroïsme sous les murs et dans les murs de l'antique ville des Sidoniens.

Ils retrouvèrent à Saint-Jean d'Acre, l'ancienne Ptolémaïs, les mêmes glorieux souvenirs ; il y a dans cette ville des ruines de toutes les époques : des églises, des mosquées, des palais, des cloîtres, des hôpitaux. Le siège qu'en firent les croisés en 1189, et qui ne finit que deux ans après par la chute de cette ville, est, sans contredit, un des événements les plus mémorables, non seulement dans l'histoire des guerres saintes, mais dans les annales du monde. « Ce siège, comparé à celui de Troie, l'égale par l'enthousiasme des guerriers, leurs hauts faits et leurs malheurs ; mais il lui est supérieur par la force des deux armées, par les immenses travaux d'attaque et de défense et, surtout, par le but qui avait amené en présence tant de peuples de l'Europe et de l'Asie.

« Un historien arabe, en parlant des chrétiens, dit qu'ils étaient si nombreux *que Dieu seul en eût pu décrire le nombre ;* et un auteur chrétien assure *que l'armée de Saladin était plus nombreuse que celle de Darius.* »

Ces récits guerriers alimentaient les conversations de la caravane. On ne tarda pas à arriver au mont Carmel, où les voyageurs, bien accueillis par les religieux séjournèrent quelque temps. Du haut de la montagne célèbre, ils purent contempler à loisir le magnifique panorama qui se déroulait à leurs yeux et, dans le recueillement de la prière et du silence, en face de la grande mer, laisser doucement passer les heures de repos.

Peu de jours après, les voyageurs visitaient la Palestine et s'agenouillaient pieusement dans la grotte de l'Annonciation. On ne manqua pas de leur faire voir ensuite une mémorable inscription française :

*Cellule habitée par Bonaparte en* 1799.

Rien n'avait été changé dans la modeste chambre

depuis l'expédition d'Égypte et de Syrie : on y voyait encore un humble lit, une petite table et deux chaises.

Six siècles auparavant, au mois de mars 1252, la veille de la fête de l'Annonciation, le roi Louis IX, revêtu d'un cilice, avait fait, lui aussi, le pèlerinage d'Acre à Nazareth.

« Lorsque le roi aperçut de loin les saints lieux, dit le chroniqueur, il descendit de cheval; après avoir fléchi le genou, il s'avança à pied vers la cité sacrée. Louis IX jeûna ce jour-là au pain et à l'eau, quoiqu'il eût fait une marche fatigante.

« Il reçut dans la grotte de l'Annonciation la communion des mains du légat.

« Ceux qui étaient avec le prince peuvent dire avec quelle solennité les vêpres, les matines, la messe furent chantées. Depuis que le Fils de Dieu s'est incarné, jamais Nazareth n'avait vu une telle dévotion. »

Ainsi l'image de saint Louis apparaissait aux pèlerins douce et radieuse, dans cette église de l'Annonciation si remplie de religieux souvenirs.

Napelouse, l'antique Sichem où paissaient les troupeaux du vieux Jacob ; Jéricho, dont les murailles tombèrent au son des trompettes des Hébreux, et où Jésus rendit la vue au pauvre mendiant Barthimé ; le Jourdain, ce fleuve sacré qui suspendit son cours pour laisser passer Josué et son armée, et où fut baptisé le Sauveur du monde : telles furent les autres principales étapes du voyage de Chanzy.

Il arriva à Jérusalem avec ses compagnons, le 22 décembre ; ils firent aussitôt le pieux pèlerinage des stations et visitèrent le saint sépulcre. Puis, le 24, ils remontèrent à cheval et partirent au galop dans la direction de Bethléem, où ils voulaient passer la nuit de Noël.

Des sièges leur avaient été réservés dans l'église de Sainte-Catherine ; ils assistèrent à l'office de minuit, et l'on se figure ce que dut éprouver le soldat chrétien en se trouvant, à pareil jour et à pareille heure, aux lieux mêmes où s'est accompli le plus saint des mystères.

La messe terminée, les pèlerins, tenant en mains un cierge allumé, se joignirent au clergé qui se rendait en procession à la grotte où naquit le Rédempteur du monde.

Dès le lendemain, 26 décembre, ils revenaient à Jérusalem et retournaient au saint sépulcre.

Là, le guerrier se souvient de Godefroy de Bouillon et de tous les héros Francs qui l'ont précédé dans le glorieux sanctuaire. Comme eux, il veut consacrer son épée au service des causes nobles et saintes, et, comme eux, il demande que ses armes et ses décorations soient bénies au sépulcre même du Christ.

Ses compagnons l'imitèrent et firent en même temps bénir les objets de piété qu'ils destinaient à leurs familles.

Chanzy visita encore les environs de la ville, que depuis les âges les plus reculés tant de guerriers célèbres ont arrosés de leur sang. Il fit ensuite au Calvaire une dernière visite et baisa une dernière fois le saint sépulcre.

La caravane gagna Jaffa, donna un coup d'œil à ses merveilleux jardins, s'embarqua sur un paquebot autrichien et rentra à Beyrouth, le 30 décembre.

Le pieux pèlerinage était accompli : Chanzy s'était senti grandir au contact des gloires séculaires dont il avait évoqué le souvenir, et la pensée du Sauveur souffrant et mourant dont il avait suivi les pas à Jérusalem avait donné à sa foi je ne sais quoi de plus attendri et de plus profond. Car Chanzy a toujours été et sera toujours un bon chrétien, un catholique sincère. Et, quand on le préviendra officieusement que sa piété va nuire à son avancement, il saura faire comprendre que des caractères comme le sien n'ont que faire de semblables avis. En tout, partout, Chanzy faisait simplement son devoir et ne se préoccupait pas du reste.

Comme si Dieu avait voulu donner aux prudents un éclatant démenti, le jour même où Chanzy visitait les saints lieux, le 26 décembre 1860, il était nommé officier de la Légion d'honneur.

L'occupation française en Syrie fut de neuf mois ; elle eût été de plus longue durée, si l'armée y fût venue au nom de la France seulement ; mais c'était au nom de la Convention européenne qu'elle y avait porté ses armes. Or, l'Europe, sur les instances de l'Angleterre, toujours jalouse de l'influence française en Orient, lui retirait son mandat.

Il fallut donc partir aux premiers jours de juin. Ce fut pour les populations chrétiennes un jour de profonde désolation. Les cris de désespoir des femmes et des enfants se mêlaient aux acclamations enthousiastes et reconnaissantes des milliers d'hommes qui faisaient cortège à la petite armée.

Quand elle eut disparu à leurs yeux, ces pauvres gens se retirèrent tristes et mornes : il leur semblait que toute leur sécurité et toutes leurs joies s'en allaient avec les bons Français.

---

## CHAPITRE IV

### LE VOYAGE EN ÉGYPTE. — LE SÉJOUR A ROME

Le général de Beaufort, qui avait autrefois rempli en Égypte des missions diplomatiques, désirait revoir ce pays, et demanda à Chanzy de l'y accompagner. La proposition fut acceptée, et les deux voyageurs visitèrent ensemble la terre des Pharaons et des Ptolémées.

L'Égypte n'est, en réalité, qu'une longue oasis de deux cents lieues de longueur et dont la largeur varie de un à vingt kilomètres. Ce pays est vraiment un don du Nil : les vallées qu'arrose le fleuve célèbre sont d'une merveilleuse fertilité, mais plus loin ce sont le désert, les sables brûlants et les montagnes arides. L'ensemble du tableau, assez triste au premier coup d'œil, offre bientôt à l'imagination du voyageur une animation singulière ; l'immensité de ce désert est

VUE D'ALEXANDRIE

peuplée de souvenirs, ce cadre sans bornes contient un merveilleux passé et s'illumine de toutes ses gloires disparues.

Les Pyramides, ces ornements éternels d'une étendue sans limites, racontent à leur manière l'histoire de l'Égypte. On comprend que, pour avoir entrepris ces monuments gigantesques, il fallait avoir à sa disposition des centaines de mille hommes. C'est à la force des bras aidés des machines les plus élémentaires que furent accumulés, dans leur ordre symétrique, les milliers de mètres cubes de pierres qui composent la grande pyramide de Chéops, dont Chanzy voulut faire l'ascension.

Le revêtement qui effaçait les degrés des assises et rendait lisse la plus grande des pyramides a disparu et laissé à découvert la porte qui menait au caveau où fut trouvé le sarcophage de Chéops, ce vieux roi d'Égypte de la quatrième dynastie.

Le monument en granit rose, surmonté d'un couvercle de la même matière, se trouve encore en place dans son caveau également dallé de granit.

Au point de vue purement esthétique, la pyramide

n'offre rien de bien attrayant : l'énormité, la stabilité sont les deux caractères qui frappent le voyageur; c'est l'art architectural d'il y a cinquante siècles. Mais, quand le grand soleil d'Égypte descend aux confins de l'immense horizon comme un disque rouge entraîné par son poids et jette sur le lourd entassement la gamme enchantée de ses brillantes couleurs, l'admiration revient. Le bleu, le pourpre, le violet, l'oranger, l'émeraude et le rubis passent de l'un à l'autre avec des nuances d'une délicatesse infinie, prêtant leur lumineuse beauté à ce géant du désert.

Le général de Beaufort et Chanzy visitèrent Alexandrie, ses grands bazars, ses forts détachés. Ils assistèrent à une revue des troupes égyptiennes où le général français commanda la manœuvre. Ils parcoururent l'Égypte en chemin de fer et remontèrent le Nil sur le bateau à vapeur que le vice-roi, Saïd-Pacha, avait mis courtoisement à leur disposition. Ils virent le Caire, ses palais et ses jardins, et, le 25 juin 1861, le même paquebot, *l'Amérique*, qui dix mois auparavant les avait amenés en Orient, vint de Beyrouth

SAINT PIERRE ET LE VATICAN.

prendre à son bord le général de Beaufort et sa suite.

Enfin, le 3 juillet, l'état-major du corps expéditionnaire de Syrie débarquait à Marseille.

Un congé ayant été accordé à Chanzy, il se hâta de venir à Nouart revoir sa famille, qui l'attendait avec la plus vive impatience.

Après avoir joui quelque temps des douceurs du foyer, il partit pour Rome, où il allait rejoindre son régiment, le 71e de ligne. Chanzy avait alors le grade de lieutenant-colonel.

Le 71e de ligne appartenait au corps d'occupation que le général de Goyon commandait en chef et qui avait été envoyé à Rome, après l'entrée des troupes piémontaises.

Du 21 octobre 1861 au 6 mai 1864, Chanzy séjourna dans la cité pontificale. Il profita de ses loisirs pour développer son instruction militaire et pour étudier sous ses aspects multiples la ville éternelle. Chanzy n'était ni un artiste ni un rêveur, mais c'était un soldat et un chrétien. Le soldat se rappelait la gloire des guerriers antiques sous les innombrables débris qu'on retrouve partout dans la campagne romaine; il croyait revoir la cité conquérante, entendre des voix mystérieuses qui semblent gémir ces mots: Rome fut ici. Les vieux héros lui apparaissaient à l'état d'ombres et de spectres; chacun de ses pas heurtait une grandeur ou un crime, il croyait voir et entendre la ville superbe s'effondrant sous le poids de sa richesse et de son luxe.

Le chrétien aimait les cérémonies saintes et venait humblement prier dans les églises. Pour la première fois, en visitant Saint-Pierre, il avait éprouvé, à la vue du travail de l'homme, le sentiment de l'immensité. Cette merveille architecturale, ce monde de statues, ce fouillis harmonieux de colonnes, cet abîme de richesses artistiques l'avaient fait tressaillir. Il avait adoré et prié, il s'était souvenu : derrière Charlemagne et Constantin, les glorieuses sentinelles du temple, il voyait le cortège imposant des rois, des guerriers, des pontifes, des savants et des saints accourus depuis quinze siècles, de tous les points du globe, pour s'agenouiller au tombeau des saints apôtres.

Les trois années passées à Rome affermirent sa foi chrétienne, développèrent son amour et son respect pour le Souverain Pontife.

Avant de quitter la ville sainte, il voulut prendre congé du pape, dont il était connu, et lui présenter sa femme et sa fille.

Pie IX caressa l'enfant et, la voyant considérer avec attention la plume qui se trouvait sur son bureau, il sourit et la lui donna.

— Comment se nomme cette enfant ? demanda-t-il.

— Gabrielle.

— Eh bien, petite Gabrielle, vous vous marierez un jour ; gardez cette plume, elle servira à signer votre acte de mariage, et la bénédiction du vieux Pontife vous accompagnera pour vous porter bonheur.

---

## CHAPITRE V

### SIX ANS EN ALGÉRIE

Le 6 mai 1864, Chanzy était nommé colonel du 48e de ligne. Ce régiment se trouvait dans la province d'Oran, et ce fut avec bonheur que le jeune colonel revint sur cette terre d'Afrique qui avait vu ses premiers exploits.

Il guerroya durant quatre ans sur les confins du Maroc, et quand, en 1868, le 48e fut rappelé en France, Chanzy demanda et obtint de rester en Algérie. Le 14 décembre de la même année, il était promu général de brigade.

En le proposant pour ce grade élevé, le maréchal Mac-Mahon avait écrit de lui : « Officier des plus distingués sous tous les rapports; très intelligent; rectitude de jugement hors ligne ; vigoureux, éner-

BÉNÉDICTION PAPALE

gique, brave à l'ennemi ; appelé au plus grand avenir. »

La promotion de Chanzy lui donnait le commandement de l'une des divisions de la province d'Oran.

La province d'Oran est, comme on le sait, l'une des divisions administratives de l'Algérie et compte elle-même quatre subdivisions : Mostaganem, Mascara, Tlemcen et Sidi-bel-Abbès.

C'est dans cette dernière localité qu'était appelé Chanzy.

Il y goûta quelque repos, mais ce fut de courte durée. Le peuple arabe n'était pas plus avancé en civilisation qu'il ne l'était au premier jour de la conquête ; il n'était pas plus qu'alors l'ami de la France, peut-être même l'était-il moins !

Bien des erreurs étaient commises dans les moyens choisis pour gagner le peuple. « Je ne demande pas qu'on persécute les Arabes, loin de là ! écrivait un penseur, mais pourquoi favoriser officiellement une religion absurde, incohérente, immorale? Pourquoi lui construire à grands frais des minarets et de superbes mosquées ! Pourquoi rétribuer leurs *talebs* et leurs *marabouts*, qui se croient obligés, en conscience, d'après le Coran, de prêcher la guerre sainte et d'entretenir la haine de leurs coreligionnaires contre nous? Laissez-les libres, rien de mieux ; mais ne favorisez pas leur fanatisme. Serait-ce même faire une mauvaise action que de chercher à les éclairer doucement? Après tout, si vous voulez faire des Arabes un peuple dévoué à la France, tâchez d'en faire un peuple chrétien ; et pour cela laissez agir librement le missionnaire catholique. Tout est là, croyez-le bien. Vous ne parviendrez pas à en faire des incrédules ou des impies. Il faut à l'Arabe une religion, et, puisque la sienne est une monstruosité, pourquoi ne pas lui enseigner la nôtre, qui est si belle et la seule vraie? »

Des réclamations semblables avaient été écoutées ; en 1866, le gouvernement impérial demanda d'assez bonne grâce à Rome et obtint l'érection de deux nouveaux sièges épiscopaux. La province ecclésiastique d'Alger se trouva ainsi constituée : archevêché, Alger ; deux évêchés suffragants : Oran et Constantine. Enfin, la terrible année 1867 avait fourni aux catholiques l'occasion de donner aux tribus musulmanes l'exemple du zèle et de la charité évangéliques.

Cette *année de la faim* est restée lugubre dans le souvenir des populations algériennes. Une mauvaise récolte, un manque absolu d'hygiène et le fatalisme imprévoyant des musulmans firent d'une simple crise économique une famine effroyable, que vint développer et accentuer le terrible fléau des sauterelles. Elles s'avancèrent en lignes serrées, semblables à des nuages menaçants, et achevèrent de dévorer ce qui restait : les fruits, les feuilles, les herbes et jusqu'à l'écorce des arbres. On en détruisit des milliards, mais ces monceaux d'insectes en putréfaction répandaient la peste et achevaient ce que la famine avait commencé. Les indigènes mouraient de faim : « Tous ceux auxquels il a été donné d'assister à cet affligeant spectacle ne l'oublieront jamais, écrit un officier. Des bandes de déguenillés, qui avaient vendu pour un morceau de pain jusqu'à leur dernier burnous, arrivaient par groupes nombreux, semant de morts les routes et les abords des cités. Le service de la police n'était occupé qu'à faire ramasser les cadavres d'une maigreur effrayante, qu'on trouvait partout, dans les rues, dans les corridors des maisons, dans les chantiers et dans les lieux publics. Les survivants se jetaient sur les détritus les plus immondes, se les disputant avec les chiens..... Un matin, à une porte de la ville, nous avons vu défiler d'une seule fois vers le cimetière musulman la longue et sinistre caravane de soixante-trois cercueils, si toutefois l'on peut appeler de ce nom la méchante boîte ouverte dans laquelle l'Arabe est conduit au lieu de son repos. »

Malgré les secours empressés et le dévouement généreux de l'Administration française, il devint bientôt impossible de nourrir ces trois millions d'affamés, et le Gouvernement dut se résigner à accepter le concours, si longtemps dédaigné, de l'Église.

Des milliers d'orphelins erraient nus et décharnés, dans les rues et le long des chemins. L'archevêque d'Alger, les évêques d'Oran et de Constantine, avec les aumônes des catholiques de France, ouvrirent des orphelinats pour recevoir tous ces malheureux, dont le nombre s'éleva bientôt à quatre mille. Quand la crise fut passée, on rendit aux familles tous ceux qui furent réclamés par leurs parents ; mais près de la moitié n'avaient plus personne qui s'intéressait à eux. Mgr Lavigerie refusa positivement de les rendre à leurs tribus, malgré les injonctions du maréchal de Mac-Mahon, alors gouverneur de l'Algérie. Il se considérait, à bon droit, comme le père adoptif de ces orphelins, à qui il avait sauvé la vie et qui refusaient de le quitter. La cause fut portée devant l'empereur, qui donna cette fois raison à l'archevêque et lui permit de conserver ses enfants.

Chanzy avait souffert de la détresse de ses chers Algériens ; il s'était vivement intéressé à l'action catholique et avait applaudi aux efforts généreux des évêques. Ce fut l'année suivante qu'il arriva à Sidi-bel-Abbès, désireux d'y faire le bien dans la mesure du pouvoir qui lui était donné ; mais l'orgueilleuse tribu des Ouled-Sidi-Cheikh ne lui en laissa pas le temps. Treize mois après son arrivée, ces farouches Marocains, qui font remonter leur origine jusqu'à Mahomet lui-même, avaient franchi les frontières et jeté l'épouvante parmi les populations algériennes du Sud-Ouest.

« Autour de cette tribu se groupaient toutes celles que l'inextinguible fanatisme de l'Islam leur avait données pour alliées. Ces tribus, poussant devant elles quelques maigres troupeaux, errent toute l'année à travers d'immenses plaines stériles, courant de la Tunisie au Maroc à la recherche des pâturages les moins brûlés, des puits les moins taris, sans autre abri que leurs pauvres tentes, sans autre patrie que le désert. Manquant de vivres, manquant d'eau, surveillés ou traqués sans cesse par nos colonnes, ces malheureux préfèrent quand même leur vie nomade à notre civilisation et leur dure liberté à la paternelle domination de la France. L'ancienne indépendance nationale leur reste au cœur comme un souvenir et un espoir, et si, parfois, la voix d'un marabout entreprenant se fait entendre, au nom d'Allah et de son prophète ils courent aux armes contre nous, ravagent, pillent, massacrent ; puis, ils s'enfuient jusqu'à ce qu'ils soient hors de l'atteinte de nos escadrons et, bientôt, disparaissent dans leurs solitudes inconnues [1]. »

Au mois de janvier 1870, l'invasion des Ouled-Sidi-

[1] Mgr Baunard.

Cheikh inspira de vives alarmes, et le général Wimpfen, commandant de la province d'Oran, fut chargé de les refouler, mais avec ordre de ménager le Maroc et de ne combattre qu'à la dernière extrémité la confédération des Zegdou, la plus importante des tribus insoumises.

La colonne expéditionnaire que dirigeait Wimpfen se composait d'une brigade de cavalerie, sous les ordres du général de Colomb, et d'une brigade d'infanterie commandée par Chanzy.

La lutte fut très vive et menée avec une singulière vigueur ; mais, malgré la prudence de Wimpfen, on dut en venir aux mains avec les Zegdou, et la colonne passa, le 1er avril, la frontière marocaine et s'aventura à travers des pays inconnus jusqu'en plein Sahara. Le 13 avril, les soldats français arrivaient à El-Bahariat où les Zegdou et les Sidi-Cheikh, cachés derrière l'épais rideau des tamaris, les attendaient fièrement, confiants en leurs positions qu'ils croyaient inexpugnables.

Le 14, le terrain fut reconnu ; le 15, eut lieu la bataille, et la position ne tarda pas à être enlevée, au centre, par les zouaves du lieutenant-colonel Détrie ;

aux deux extrémités, par Colomb et Chanzy. Ce dernier menaçait la retraite de l'ennemi, qui, vers cinq heures du soir, se rendit sans condition.

Mais, pendant ce temps, d'autres tribus, alliées des Ouled-Sidi-Cheikh, avaient assailli l'oasis où la colonne avait laissé une petite garnison pour garder ses communications. Les troupes françaises informées revinrent sur leurs pas, enveloppèrent l'ennemi d'un cercle de feu, l'obligèrent à demander l'*aman* et lui firent solennellement promettre de ne plus prêter main-forte aux expéditions des Ouled-Sidi-Cheikh.

La victoire était complète ; mais ce beau fait d'armes avait entraîné les Français à deux cents lieues des côtes, sur le territoire marocain, et le gouvernement jugea qu'un séjour prolongé pourrait compliquer la situation. La colonne se hâta de regagner la frontière, laissant les fameux Zegdou humiliés et ayant pour longtemps perdu leur prestige. Quand éclata, l'année suivante, l'insurrection de Kabyles, la province d'Oran, quoique dépourvue de troupes, garda sa tranquillité. Ni les Zegdou ni les Ouled-Sidi-Cheikh ne prirent part à la lutte. La bataille d'El-Bahariat leur avait appris à redouter l'armée française.

Le 2 juin 1870, Chanzy fut nommé commandeur de la Légion d'honneur en récompense de sa belle conduite pendant l'expédition du Sud-Ouest en Algérie.

---

# CHAPITRE VI

## LA GUERRE DE 1870. — L'ARMÉE DE LA LOIRE
## LA BATAILLE DE COULMIERS

L'histoire de la guerre franco-allemande, en 1870, est encore dans toutes les mémoires ; il n'entre pas dans nos plans de la répéter : rappelons seulement, afin de mettre en pleine lumière l'œuvre de Chanzy, quel était l'état général, la situation morale et militaire de la France au moment où il parut à la tête de la deuxième armée de la Loire.

Les échecs successifs de Wissembourg, de Forbach, de Reischoffen, dans la funeste campagne du Rhin, avaient à peu près complètement désorganisé l'armée française. Le désastre de Sedan et la Révolution du 4 septembre vinrent achever le malheur du pays. Un mois après l'ouverture des hostilités, l'empereur était prisonnier, et la France, envahie, sans administration, sans boussole, acceptait la proclamation de la République et le « Gouvernement de la Défense nationale ».

Ce Gouvernement, placé sous la présidence du général Trochu, gouverneur de Paris, était composé des membres suivants : MM. Arago, Crémieux, Favre, Ferry, Gambetta, Garnier-Pagès, Glais-Bizoin, Pelletan, Picard, Rochefort et Simon, députés de la Seine.

Parmi eux, le vieil avocat israélite Crémieux et l'avocat Glais-Bizoin furent délégués en province pour y représenter le nouveau Gouvernement.

Peu de jours après leur départ, Paris était entièrement investi par les troupes prussiennes, et le Gouvernement bloqué dans ses murs, de sorte que les deux vieillards, récemment installés à Tours, furent subitement transformés en maîtres absolus du pays. Or, ils n'avaient jamais rien administré ni rien gouverné et n'étaient plus d'âge à jouer les tribuns et les dictateurs : ils n'en avaient ni l'expérience, ni l'éducation, et moins encore la virilité et l'énergie qui préparent la victoire. Leur ignorance de l'art et des lois de la guerre était absolu : à la date du 11 cotobre, la délégation de Tours n'avait pu mettre en ligne que 25,000 combattants complètement désorganisés.

A la suite de ces désespérantes lenteurs, la « Défense nationale » décida d'envoyer à Tours un de ses membres, le plus actif, le plus énergique, le plus populaire, mais, hélas ! le plus présomptueux aussi. Léon Gambetta partit de Paris le 7 octobre, montant le ballon *l'Armand-Barbès* que dirigeait l'aéronaute Trichet.

Arrivé à Tours, Gambetta s'adjoignit un ingénieur de ses amis, M. de Freycinet, et s'improvisa ministre de la Guerre et de l'Intérieur. Son mandat était irrégulier, sa science militaire nulle. Il s'annonça néanmoins comme « revêtu de pleins pouvoirs pour le recrutement, la réunion et l'armement de toutes les forces nationales qu'il conviendrait d'appeler à la défense du pays ».

C'est à cette époque qu'apparurent les armées de la Loire et les généraux de la réserve : Faidherbe, d'Aurelle de Paladines, Bourbaki, de Sonis, Jauréguiberry et Chanzy.

Ce dernier n'avait pas attendu, pour demander du service en France, cette heure de suprême détresse ; mais ses premières démarches avaient été repoussées. Ce fut le maréchal Mac-Mahon, alors prisonnier, qui signala à Gambetta les capacités de Chanzy, le représentant comme l'un des meilleurs généraux de l'armée.

Chanzy fut nommé général de division du XVI^e^ corps et mis, comme tel, à la disposition du général d'Aurelle de Paladines. Celui-ci, âgé de soixante-cinq ans, avait retrouvé toute l'énergie de sa jeunesse pour former en Sologne, derrière la Sauldre, une armée nouvelle qui fut la première armée de la Loire.

Après peu de jours, le général Pourcet étant tombé malade, Chanzy fut appelé à le remplacer à la tête du corps tout entier.

Au moment où d'Aurelle et Chanzy entreprirent de reconstituer l'armée de la Loire, la situation semblait désespérée. « La vérité est triste, écrivait Gambetta. Les campagnes sont inertes, la bourgeoisie des petites villes est lâche, et l'administration militaire ou passive ou d'une désespérante lenteur. Les généraux de division, sortis des cadres de la réserve, sont l'objet d'une exaspération publique indicible, qu'ils ne justifient que trop par leur mollesse et leur impuissance. Je m'épuise à leur trouver des remplaçants. Le général de la Motterouge, qui n'a point su protéger les forêts et les routes d'Orléans, a été relevé de ses fonctions. Les mobiles, les zouaves pontificaux et la légion étrangère se sont admirablement conduits[1], « mais la troupe de ligne, infanterie et cavalerie, a donné le plus navrant spectacle de démoralisation ».

Et le général d'Aurelle accusait ces mêmes troupes « d'être malheureusement trop disposées à l'indiscipline et à lâcher pied devant l'ennemi ».

Ce furent ces soldats abattus et découragés, ces bandes confuses et désorganisées que d'Aurelle et Chanzy transformèrent, en quelques semaines, et sous l'œil même de l'ennemi, en armées courageuses et vaillantes, qui surent tenir tête aux troupes allemandes

[1] Combats de Lecottes, des Aydes; défense du faubourg Bannier, à Orléans.

si savamment exercées et si puissamment animées par de constants succès.

La discipline rigoureuse qu'ils parvinrent à établir, l'habileté de leurs conseils, leur courage dans l'action, leur valeur morale exercèrent sur de pareils soldats une merveilleuse influence.

Tous, Français et Allemands, amis et ennemis, ont été unanimes à proclamer les hautes vertus militaires de ces deux chefs.

Quelques combats partiels, heureux pour les Français, avaient stimulé les jeunes troupes et contribué à les aguerrir.

Les Allemands, jusqu'alors vainqueurs, ne tardèrent pas à prendre de l'inquiétude. Se sentant menacés dans Orléans qu'ils occupaient depuis leur victoire d'Artenay, ils résolurent d'aller au-devant des armées françaises et de les acculer à la Loire.

Le 9 novembre, une rencontre eut lieu dans la vaste et mélancolique plaine de la Beauce. Le général bavarois Von der Thann s'avançait à la tête de 35,000 Allemands ; d'Aurelle, de son côté, commandait 50,000 hommes ; mais, hélas ! les neuf dixièmes allaient au feu pour la première fois, et leur artillerie était sensiblement inférieure.

Le temps était triste et sombre, le ciel brumeux et inclément, le terrain détrempé par des pluies récentes, mais aucun obstacle n'empêchait le déploiement de l'armée. « Le jour commençait à poindre, raconte le sergent Bérail qui voyait sa première bataille, le jour commençait à poindre lorsque les tambours et les clairons retentirent dans le camp. Nous prîmes nos places compagnie par compagnie, dans un silence profond. Le froid était très vif et le ciel très sombre. Un brouillard épais cachait tous les horizons. Lorsqu'il se dissipa, un spectacle magnifique frappa les plus indifférents. C'était l'armée française rangée en bataille sur deux lignes, calme, confiante et attendant le combat avec la froide énergie des vieux soldats. Au plus loin que portaient les regards dans les champs unis et dépouillés, nous voyions des bataillons. On se mit en marche. Au loin, vers la Loire, nous apercevions des massifs d'arbres qui entouraient châteaux et fermes. Un clocher se dessinait sur les hauteurs de Baccon.

« On ne voit pas un Allemand, mais chacun de

nous semble deviner que l'ennemi est caché derrière les murs crénelés des châteaux et des fermes.

« A neuf heures et demie, nous marchions toujours, lorsqu'un coup de canon retentit et nous fit dresser la tête. Le capitaine de ma compagnie, un ancien, dit à haute voix : « Attention ! »

« Ce coup de canon isolé produisit plus d'émotion que n'aurait pu faire la décharge d'une batterie.

« Nous voyons passer un officier dont le cheval est lancé à toute vitesse; il jette ces mots à notre chef de bataillon : « C'est le XV<sup>e</sup> corps qui attaque à droite. » Le bruit formidable de l'artillerie remplit l'air. Nous faisons halte, et l'on dit dans les rangs que la position de Baccon est prise d'assaut après deux charges à la baïonnette. La division du XVI<sup>e</sup> corps, dont je fais partie, est mise en marche sur Coulmiers. Vers midi, nous atteignons les jardins qui entourent le village, et chacun de nous s'embusque de son mieux.

« Les balles sifflaient, et les obus éclataient de toutes parts. Je me glissais d'arbre en arbre, le corps plié en deux, mais je ne pouvais viser à cause d'une épaisse fumée. « Réglez-vous les uns sur les autres, » criait le capitaine, qui n'avait pas le sabre à la main et nous poussait en avant ou nous retenait, en jurant comme un païen. Il ne se gênait pas non plus pour se servir de sa canne ; mais il était si brave et si bon que nous nous serions tous fait massacrer pour lui. Au moment où nous allions entrer dans Coulmiers, le 7e chasseurs occupait notre droite, et le 31e de marche notre gauche. A la tête du 31e, un colonel entraînait le régiment. Lorsque je le vis chanceler, puis tomber mort, je demandai son nom et je sus que c'était M. de Foulonges.

« Pendant un instant nous fûmes arrêtés, puis repoussés. Le général Barry, commandant la division, parut à cheval au milieu de nous, mit pied à terre et, montrant de sa canne les Bavarois, jeta le cri de : « Vive la France ! » Nous répétons ce cri en nous lançant sur le village. Il est en flammes, et nous nous battons corps à corps dans les rues, dans les cours et même dans les maisons. Je me sers de ma baïonnette rouge de sang, je casse des têtes à coups de crosse ; je ne me connais plus, ma vue est troublée, un bruit formidable m'étourdit ; je suis d'une force prodigieuse, car la poudre m'a enivré. Mes lèvres sont sèches, et je ne m'aperçois pas qu'un filet de sang coule de mon front. Qui est-ce qui m'a blessé et quand? Je n'en sais rien.

« Les Bavarois fuient de tous côtés, et l'on sonne le ralliement, lorsque le jour finit au milieu de la pluie et de la neige qui commencent à tomber. On reprend les rangs, et l'on compte ceux qui restent.

« Hélas! combien ne sont plus là qui, le matin, joyeux et pleins d'espoir, parlaient du lendemain! Pour nous, y a-t-il un lendemain?

« J'ai remarqué que, pendant les haltes, lorsque le danger n'est pas grand, un certain nombre de camarades ne cessaient de parler à haute voix, comme pour s'étourdir; d'autres, au contraire, semblaient méditer en silence. Les anciens soldats, habitués à la guerre, promenaient autour d'eux des regards indifférents.

« Vers le milieu de la journée, pendant une marche pénible, le général d'Aurelle était arrivé près de nous. Accablé de fatigue, le front soucieux, il nous vit défiler. Ce n'était pas un jeune homme, mais un rude vétéran, à la physionomie sévère. On le redoutait, tout en l'aimant. Il adressait aux soldats qui passaient devant lui quelques paroles brèves. Tout en lui indiquait l'énergie, cette énergie des champs ou de la mer; il devait y avoir de cette race autour de saint Louis aux croisades, ou près de Jean Bart à l'heure de l'abordage.

« Je crois, en vérité, que le général d'Aurelle me regardait en disant : « Allons, enfants, encore un « coup de collier! »

« J'ai aussi un autre souvenir précieux de la bataille de Coulmiers. Deux ou trois fois par heure nos batteries cessaient un instant leur feu et se portaient rapidement plus près de Coulmiers. En passant près d'une de ces batteries qui recommençait son tir, je remarquai que les obus et les boulets pleuvaient sur nos pièces qui répondaient furieusement. Les canonniers et les chevaux tombaient de tous côtés. Je fus saisi d'admiration en voyant le colonel d'artillerie de Noue debout sur un tertre, auprès d'une ferme abandonnée; sa lorgnette à la main, quelques fourriers autour de lui, le colonel, calme, tranquille comme dans un salon, envoyait partout ses ordres, commandait sans la moindre émotion, suspendant un mouvement, dirigeant le feu ou pressant la marche en avant.

« J'ai vu ce jour-là, 9 novembre 1870, des actes de bravoure extraordinaire, mais l'image de ce colonel est restée dans mon souvenir comme le suprême effort de l'homme sur la nature, comme la victoire la plus complète d'un cœur de soldat remplissant son devoir.

« Lorsque la journée fut terminée et l'ennemi en déroute, chacun eut son histoire à raconter, le soir même et le lendemain.

« Un hussard du 1er régiment de marche nous a fait ce récit : « Comme la division Barry se mettait en « marche le matin, des uhlans vinrent observer ses « mouvements. Devant eux se trouvaient des hussards « français. Postés à la lisière d'un petit bois, ceux-ci « avaient l'ordre de ne pas engager de combat dans « ce mouvement, tout en reconnaissant la plaine. Ils « étaient en repos quand un uhlan, qui leur parut être « un officier, se détacha de son peloton et poussa son « cheval vers eux. A portée de fusil il s'arrête, croise

« les bras et regarde les hussards français. Ils avaient « bien envie de lui envoyer une balle, mais on l'avait « défendu. Cependant le uhlan immobile se met à « chanter comme pour les provoquer. Le refrain de « la ballade allemande arrive jusqu'aux oreilles de « ses ennemis furieux. L'officier des hussards, que « cette bravade irrite à son tour, saisit une carabine « et vise. Le coup allait partir. « Feu ! » s'écrie en « français et d'une voix vibrante l'audacieux uhlan. « Etonnement ou générosité, celui qui le visait laissa « retomber son arme. Le uhlan, tournant bride, s'en « retourne près des siens, en poussant un grand éclat « de rire et faisant caracoler son cheval. »

« Il ne faut pas dédaigner le soldat allemand. Nous qui l'avons vu de près à Coulmiers, nous savons ce qu'il vaut. Nos attaques à la baïonnette peuvent seules le troubler.

« Au moment le plus terrible de l'attaque de Coulmiers, les mobiles de la Dordogne (22e régiment) passèrent près de nous d'un pas rapide ; quoique le silence fût recommandé, les chefs laissaient ces braves gens chanter en patois les refrains de leur pays.

Pauvres enfants du Midi, à peine couverts de vêtements déchirés ! Ils marchaient fièrement, et l'on devinait à leurs allures les robustes paysans, un peu sauvages, naïfs, qui allaient à l'assaut sous une grêle de balles et mouraient en chantant. Nous écoutions les chants patois que nous ne comprenions pas, et ces fils des lointaines provinces nous saluaient, en passant, de leur adieu : *Adicias ! adicias !*

« L'intrépide général Barry se place en tête des mobiles de la Dordogne : le capitaine d'état-major de Gravillon tombe près de son général ; le commandant de Chadois et plusieurs officiers sont au premier rang, et l'ennemi ne peut résister à cette furie.

« Sur un autre point du champ de bataille, les mobiles de la Sarthe font de cruelles pertes. Les rangs s'éclaircissent sous les coups répétés de l'artillerie bavaroise; il y a une sorte d'inquiétude. Alors, dominant le bruit de la bataille, une voix se fait entendre, vive, gaillarde : « Allons, les Manceaux ! est-ce que « nous allons reculer ! »

« C'est un jeune conscrit, moins ému du danger que de l'honneur de la province. Le mot passe brave et gai ; on crie dans tous les rangs : « Non, non, les Manceaux ne reculeront pas. » Le colonel de Thouane, qui commande les Manceaux, les exalte par son exemple. Tous les officiers tiennent bon sous les obus. L'un d'eux, volontaire de dix-huit ans et fils d'une race illustre, Paul de Chevreuse, tombe, blessé à la jambe. Les hommes veulent l'emporter : « Non, non, « dit l'héroïque jeune homme, marchez à l'ennemi ; « en avant ! mes camarades ! » et, pour s'écarter de la route, il se traîne sous un arbre, où son frère, le duc de Luynes, vient le chercher sept heures plus tard.

« A cette bataille de Coulmiers, les mobiles de la Sarthe eurent deux cent dix-huit hommes hors de combat ; un de leurs officiers, M. de la Mandé, fut tué; huit autres furent blessés. C'étaient : MM. de Montesson, commandant ; le capitaine de Juigné et les lieutenants de Bastard, de Batine, Boulard, Desreau, Robert et Rousseau. »

La pluie, la neige et les ténèbres d'une nuit déjà avancée protégèrent l'armée vaincue. « L'obscurité était telle, rapporte le général Chanzy, que les corps ne parvinrent qu'à grand'peine à se reformer ; les hommes couchés dans une boue épaisse, sans feu, le pays n'offrant aucune ressource en bois, ne purent prendre aucun repos. Il fallut attendre le jour pour se reconnaître, juger de la position et aviser. »

Les Français étaient restés maîtres de tout le champ de bataille ; malheureusement, sur le flanc gauche, le général Reyau laissa échapper, par de fausses manœuvres, les fruits des avantages obtenus sur toute la ligne.

Le lendemain de la victoire, le général en chef adressa à son armée cet ordre du jour glorieux pour les troupes victorieuses :

« OFFICIERS, SOUS-OFFICIERS ET SOLDATS DE L'ARMÉE DE LA LOIRE !

« La journée d'hier a été heureuse pour nos armes ; toutes les positions attaquées ont été enlevées avec vigueur ; l'ennemi est en retraite.

« Le Gouvernement informé par moi de votre conduite me charge de vous adresser des remerciements ; je le fais avec bonheur.

« Au milieu de nos malheurs, la France a les yeux sur vous ; elle compte sur votre courage ; faisons tous nos efforts pour que cet espoir ne soit point trompé.

« *Le général en chef de l'armée de la Loire,*

D'AURELLE.

« Au quartier général du Grand-Lucé, le 10 novembre 1870. »

De son côté, Gambetta, accouru de Tours pour féliciter les vainqueurs, leur adressa une chaleureuse proclamation.

Paris assiégé, la France frémissante accueillirent avec un enthousiasme délirant la nouvelle de cette belle victoire.

Une grand'messe militaire, suivie d'un *Te Deum* solennel, eut lieu à Saint-Péravy-la-Colombe. Le général Chanzy y assista, heureux et fier de venir remercier de ce premier succès le Dieu des armées.

# CHAPITRE VII

## BATAILLE DE LOIGNY. — LE GÉNÉRAL DE SONIS ET SES ZOUAVES

« Un général en chef, disait Napoléon, n'est pas couvert par un mot d'un ministre ou d'un prince éloigné du champ d'opérations et connaissant mal ou ne connaissant pas du tout ce dernier état de choses.

« 1° Tout général en chef qui se charge d'exécuter un plan qu'il trouve mauvais et désastreux est criminel ; il doit représenter, insister pour qu'il soit changé, enfin donner sa démission plutôt que d'être l'instrument de la ruine des siens.

« 2° Tout général en chef qui, en conséquence d'ordres supérieurs, livre une bataille, ayant la certitude de la perdre, est également criminel.

« 3° Un général en chef est le premier officier

de la hiérarchie militaire. Le ministre, le prince donnent des instructions auxquelles il doit se conformer en son âme et conscience; mais ces instructions ne sont jamais des ordres militaires et n'exigent pas une obéissance passive.

« 4° Un ordre militaire même n'exige une obéissance passive que lorsqu'il est donné par un supérieur qui, se trouvant présent au moment où il le donne, a connaissance de l'état des choses, peut écouter les objections et donner les explications à celui qui doit exécuter l'ordre. »

On se prend à regretter que le général d'Aurelle et le général Chanzy n'aient pas cru devoir apporter cette raideur et cette omnipotence dans l'exercice de leur commandement et opposer la sagesse de leur expérience aux combinaisons de M. de Freycinet et de M. Gambetta. Les ordres, contre-ordres, dépêches, communications de ces deux ministres forment un faisceau compact de documents, qui, tous, tendent à prouver leur ignorance de l'art militaire et les résultats désastreux de leur ingérence dans des questions qu'ils ne connaissaient pas.

L'affaire de Coulmiers et quelques légers avantages remportés dans des combats d'avant-garde avaient grisé le ministre de la Guerre : on eût dit qu'il n'avait plus qu'à ordonner la victoire.

D'Aurelle de Paladines voulait accumuler autour d'Orléans toutes les ressources dont il pouvait disposer, certain d'être prochainement attaqué par l'armée du prince Frédéric-Charles, grossie de celle du duc de Mecklimbourg. C'était là, selon d'Aurelle, que se livrerait une bataille décisive qui obligerait l'ennemi à employer des forces considérables et, par cette diversion, faciliterait la tâche de l'armée de Paris.

Mais M. de Freycinet ne voulait pas attendre : « Nous ne pouvons rester à Orléans, écrivait-il. Paris a faim et nous réclame. »

« M. de Freycinet exposa un plan arrêté à Tours, raconte Chanzy. Il s'agissait de marcher sur Pithiviers où l'on devait rencontrer le prince Charles avec toute l'armée allemande, pour aller ensuite, après l'avoir battu, donner la main à notre armée de Paris, qui tentait une sortie et que le général Ducrot devait amener dans la forêt de Fontainebleau. Malgré ce que purent faire les généraux pour exposer le danger d'une pareille opération, si elle se faisait alors que toutes les forces ennemies seraient réunies à Pithiviers, et qu'on n'était pas certain que la diversion annoncée de Paris pourrait s'effectuer, l'idée générale du plan fut maintenue comme un ordre formel du Gouvernement. »

Ce fut en vain que les généraux s'efforcèrent d'obtenir la modification des plans de campagne qui leur étaient imposés. M. de Freycinet s'obstina dans son idée, et le Conseil de guerre, réuni pour discuter, n'eut qu'à s'incliner devant les décisions prises à Tours.

« Ce n'était pas la peine de nous déranger, disait Chanzy mécontent; il suffisait au ministère de nous envoyer ses instructions par la poste. »

Il fallut céder.

Obligés d'obéir, les généraux prirent leurs dispositions pour exécuter ce plan téméraire.

L'expédition malheureuse de Beaume-la-Rolande

n'ouvrit pas les yeux à ces stratégistes civils qui, avec une incroyable audace, jouaient l'avenir de la patrie sans même prendre conseil de ceux qui, seuls, pouvaient la sauver.

Dans l'après-midi du 1er décembre un ballon descendu près de Belle-Isle-en-Mer annonçait la sortie du général Ducrot sur la Marne, et le général en chef recevait cette communication :

« Paris a fait hier un sublime effort. Les lignes d'investissement ont été rompues, culbutées avec un héroïsme admirable. Le général Ducrot s'avance vers nous avec son armée, décidé à vaincre ou à mourir. Il occupe aujourd'hui les positions de Champigny, Bry-sur-Marne, Villiers-sur-Marne, de ce côté-ci de la Marne. Il va évidemment se diriger sur la forêt de Fontainebleau en s'appuyant sur la Seine par la route de Melun. »

D'Aurelle, voulant immédiatement annoncer une aussi grande et heureuse nouvelle, adressait à son armée cet ordre du jour et lui communiquait son patriotisme confiant :

« OFFICIERS, SOUS-OFFICIERS ET SOLDATS
DE L'ARMÉE DE LA LOIRE

« Paris, par un sublime effort de courage et de patriotisme, a rompu les lignes prussiennes. Le général Ducrot, à la tête de son armée, marche vers nous. Marchons vers lui avec l'élan dont l'armée de Paris nous a donné l'exemple.

« Je fais appel aux sentiments de tous, des généraux comme des soldats. Nous pouvons sauver la France.

« Vous avez devant vous cette armée prussienne que vous avez vaincue sous Orléans, vous la vaincrez encore.

« Marchons donc avec résolution et confiance.

« En avant sans calculer le danger ! Dieu protège la France !

« Au quartier général de Saint-Jean-de-la-Ruelle, 1er décembre 1870.

« *Le général en chef*, D'AURELLE. »

L'effet de cette proclamation fut immense sur les

troupes, et les généraux purent accélérer les préparatifs du mouvement sur Pithiviers.

Chanzy applaudissait de tout son cœur à cette *sortie de Paris*. « Mon corps d'armée, écrivait-il au ministre de la Guerre, saura répondre à ce que le pays attend de lui ; il vient de l'affirmer par le combat de Villepion. »

A Tours, Gambetta annonça la nouvelle au milieu d'un enthousiasme impossible à décrire.

On crut que la fortune souriait de nouveau à la France.

Hélas ! c'était un beau rêve, mais un rêve seulement, qui ne tarda pas à s'évanouir : la grande nouvelle était fausse.

Par une inconcevable erreur, Gambetta avait confondu Épinay-Saint-Denis (Seine) avec Épinay-sur-Orge (Seine-et-Oise). L'armée de Paris n'avait pas franchi les lignes ennemies, et l'armée de la Loire attendit en vain des émissaires qui ne devaient pas venir.

Le même jour, dès le matin, par un temps sec et froid, sur un terrain blanc de neige, le XVIe corps s'était mis en marche et, après un combat qui dura six heures, avait emporté d'assaut Villepion, centre de la résistance ennemie. Partout les troupes françaises avaient abordé le combat avec un irrésistible élan, et Chanzy put télégraphier au ministre de la Guerre : « ... Les Prussiens ont été délogés des villages à la baïonnette ; notre artillerie a été d'une audace et d'une précision que je ne puis trop louer. Nos pertes ne paraissent pas sérieuses ; celles de l'ennemi sont considérables. On recueille des prisonniers parmi lesquels plusieurs officiers. Les honneurs de la journée sont à l'amiral Jauréguiberry. L'ennemi s'est retiré dans la direction de Loigny et du château de Cambrai. Je le suivrai demain sur Janville et Toury. »

Jauréguiberry fut mis à l'ordre du jour de l'armée, et Chanzy nommé grand-officier de la Légion d'honneur.

MORT DU COMMANDANT DE TROUSSURES

Le lendemain, 2 décembre, le XVIe corps trouva devant lui un ennemi plus nombreux que la veille. Toutes les troupes du grand-duc de Mecklimbourg entrèrent successivement en ligne durant toute la journée.

Loigny fut d'abord enlevé, et les troupes françaises réussirent même par deux fois à s'emparer du parc du château de Gondy; mais, malgré la vigueur déployée par Barry et Jauréguiberry, elles ne purent tenir sous les batteries allemandes qui les couvraient d'obus et reculèrent, en combattant, sur Villepion et sur Loigny, où elles s'établirent.

Cependant le feu de l'ennemi continuait ses ravages, et les Français commençaient à plier de nouveau.

La situation devenait critique. Chanzy n'avait plus un homme, plus un cheval de réserve à mettre en ligne lorsque le général de Sonis, à la tête du régiment des zouaves pontificaux, apparut vers quatre heures sur le champ de bataille.

D'un coup d'œil il comprit qu'il s'agissait de gagner la bataille par un suprême effort sur Loigny. De Sonis se charge de tenter cet effort, et, sans perdre un instant, encore plein de sa bouillante ardeur et de l'élan qui le poussait au secours de Chanzy, se précipite dans le village. Mais il est accueilli par une grêle effroyable d'obus ; le 51e régiment se débande : Sonis, qui poursuit vaillamment sa marche sous cette pluie de feu, tombe, la cuisse brisée ; Charette, qui « rivalise avec lui d'intrépidité et de courage », est grièvement blessé ; décimée par l'écrasante artillerie des Allemands, privée de ses chefs, la petite avant-garde du XVIIe corps, qui se portait au combat avec tant de courage et de furie française, abandonne Loigny. Seul le 37e régiment de marche demeure dans le village. Il s'est d'abord retranché dans les maisons et y « soutient une lutte des plus acharnées » ; mais, sous les obus à pétrole les maisons s'enflamment et s'écroulent. Le régiment se réfugie dans le cimetière, et, abrité par les tombes, ne cesse de tirer sur l'ennemi qui l'enveloppe de toutes parts. Un instant, il espère être dégagé ; il entend au dehors le bruit de la fusillade et la sonnerie des clairons français ; c'est à ce moment qu'a lieu la charge héroïque de Sonis. Mais bientôt le silence se fait, et, à sept heures du soir, les débris de ce brave régiment se rendent après avoir brûlé leurs dernières cartouches [1].

« La nuit, dit Chanzy en quelques lignes émues, était alors très obscure ; le champ de bataille n'était éclairé que par l'incendie de Loigny et de quelques fermes aux environs, auxquelles l'ennemi avait mis le feu. Les pièces d'artillerie, en se retirant au galop, produisaient sur le terrain durci par la gelée un bruit qui impressionnait les troupes et qui contribuait à augmenter le désordre. Le canon du XVe corps s'était tu. Le général Maurandy, après de vains efforts, s'était replié sur Trogny et Huêtre, derrière les retranchements qui y étaient préparés, appuyant sa droite à quelques troupes du XVe corps rentrées comme lui dans leur cantonnement de Gidy. Enfin, à notre extrême gauche, la division de cavalerie, après avoir repoussé l'ennemi au-delà de Guillonville, avait repris ses positions de la veille à Murzelles. »

Dans cette sanglante affaire les commandants de Troussures, de Montcuït et le capitaine Ferron furent tués ou blessés. Le porte-bannière des zouaves, Henri

[1] Arthur Chuquet.

de Verthon, tomba ; le comte de Bouillé, qui releva la sainte bannière du Sacré-Cœur, fut frappé à son tour. MM. de Casenove et Trévenne la prirent ensuite et furent successivement blessés sous ses plis glorieux. Ce fut le sergent Parmentier qui rapporta le drapeau sanglant et donna les noms des quatre officiers qui avaient eu le mortel honneur de l'élever devant l'ennemi.

Quand on fit l'appel du premier bataillon qui, le matin, comptait trois cents hommes, onze officiers et deux cent sept zouaves manquaient.

La bataille était perdue. Il ne fallait plus songer à continuer le mouvement sur Pithiviers. L'état des troupes du XVIe et du XVIIe corps et les forces considérables dont disposait l'armée ennemie imposèrent au général d'Aurelle la nécessité de se replier sur Orléans ; il donna à Chanzy l'ordre de battre en retraite.

Affaiblies par ces combats acharnés, décimées par les maladies et les privations, découragées par l'insuccès, les troupes se laissèrent démoraliser et gagner par une inqualifiable panique. Les soldats encombraient les routes et, parmi eux, un grand nombre d'officiers. Ce fut en vain que le général en chef essaya de leur faire rebrousser chemin ; il n'y avait rien à attendre de ces jeunes soldats que la perspective de la victoire avait rendus un instant intrépides, mais dont le courage s'était évanoui avec l'espoir de vaincre et de marcher sur Paris. La désorganisation de l'armée, moins la fraction que commandait Chanzy, dépasse tout ce qu'on peut imaginer.

« Seul Chanzy restait sur la rive droite de la Loire. Tout d'abord, il s'était porté vers Orléans en assez bon ordre, par des chemins affreux, à la vue de l'ennemi « auquel son attitude imposait ». Il tenta même de couvrir le XVe corps. Mais il comprit vite que la défense d'Orléans serait impossible, et il craignit que, si l'armée entière se retirait sur la rive gauche du fleuve, l'encombrement sur les routes et dans les rues et l'insuffisance des ponts n'amenassent une grande castatrophe. Bientôt il se vit débordé : la cavalerie allemande couvrait la campagne ; des régiments de uhlans et de hussards de la mort assaillirent à diverses reprises ses éclaireurs algériens ; ses communications avec Orléans étaient coupées. Il se dirigea sur Meung et Beaugency, et, tout en se battant à Patay, à Bricy, à Boulay, il conduisit la première de ces retraites qui devaient immortaliser son nom. Il n'avait plus avec lui que le XVII^e^ corps et la première division du XVI^e^ commandée par Jauréguiberry ; les deux autres divisions, la deuxième (Barry) et la troisième (Maurandy), étaient refoulées, non sans désarroi, sur Mer et sur Blois. Il occupa la ligne de Lorges et de Beaugency, appuya sa marche à la forêt de Marchenoir, et sa droite à la Loire, et fixa son quartier général à Josnes [1]. »

D'Aurelle, de son côté, avait jugé bien vite que, dans les conditions actuelles, il était absolument téméraire de tenter plus longtemps de conserver Orléans. Profondément malheureux de cette cruelle nécessité, il n'en dut pas moins se résoudre à évacuer la ville.

Informée de la situation critique dans laquelle se trouvait l'armée de la Loire, la délégation de Tours

[1] Arthur Chuquet.

fut consternée et voulut enjoindre à d'Aurelle de tenir quand même dans Orléans, mais il y avait impossibilité absolue. Le XV$^e$ corps couvrit la retraite, et l'on réussit à sauver tout le matériel réuni en gare. Plusieurs convois essuyèrent sur leur route la fusillade de l'ennemi.

Le Gouvernement ne pardonna pas à d'Aurelle de Paladines de n'avoir pas tenu dans Orléans. On oublia les incontestables services rendus par le glorieux chef d'armée, et il fut appelé à un autre commandement.

L'armée de la Loire se trouva dès lors divisée en deux parties : celle qui avait repassé le fleuve fut placée sous le commandement du général Bourbaki, et Chanzy demeura à la tête des forces restées sur la rive droite. Ces troupes furent appelées la *deuxième armée de la Loire.*

Alors commença pour Chanzy cette campagne de retraite, la plus importante et la plus dramatique de la guerre en province.

Il n'y avait plus à lutter que pour l'honneur du drapeau : le vaillant général recula, mais il recula pied à pied, combattant toujours, sans découragement et sans défaillance.

---

# CHAPITRE VIII

## LA DEUXIÈME ARMÉE DE LA LOIRE

## LES JOURS DE DÉCEMBRE

Ce fut cette *deuxième armée de la Loire* qui soutint, dans les combats livrés autour d'Orléans, le plus énergique effort de la lutte, et y joua un rôle prépondérant.

Dès le 7 décembre, la nouvelle armée, reformée par Chanzy en toute hâte, apprenait aux Allemands son existence et recommençait sa résistance acharnée. On eût dit que jusqu'alors elle n'avait rien souffert tant elle y mit de fougueuse ardeur et de juvénile intrépidité.

A Villepion, à Loigny, Jauréguiberry et ses soldats s'étaient battus vaillamment; à Loigny, de Sonis et Charette avaient compté dans les rangs de leur petite armée autant de héros que de soldats. Ces troupes ne s'étaient pas laissées envahir comme les autres par le découragement qui accompagne l'insuccès, ni vaincre par le froid et les privations ; elles se sentaient encore l'énergie de tenir tête à l'ennemi.

Les combats de Vallières, de Langlochère, de Messas, de Villechaumont et Cravant furent soutenus avec une merveilleuse bravoure.

Rentré à son quartier général de Josnes, Chanzy prit des dispositions contre une attaque nouvelle, et, dès le 8, la lutte recommença. Elle fut particulièrement chaude autour du Mée, de Villechaumont, de Villevert et surtout entre Beaumont et Villorceau. Cette dernière localité a donné son nom à la bataille de cette journée.

Un ordre fâcheux, émanant comme toujours du Gouvernement civil qui n'y entendait rien, vint changer en déroute une victoire incontestée.

Vers huit heures du matin, un capitaine du génie, envoyé de Tours, communiquait au général Camô l'ordre de se replier sur le plateau situé en arrière de

Beaugency, alors qu'il avait pour mission d'occuper fortement Messas et le ravin de Vernon.

L'ordre ministériel fut suivi, et la colonne Camô ne tarda pas à être en pleine déroute.

« Je regrette cet incident qui a terni le succès de la journée, » écrivait Chanzy mécontent.

En effet, sans la fausse manœuvre du génal Camô, à l'extrême droite, cette action indécise et meurtrière eût été une véritable victoire pour les soldats de Chanzy.

L'abandon absolument imprévu de Beaugency faisait perdre à Chanzy la ligne de bataille qu'il défendait depuis deux jours au prix de sacrifices énormes : les Allemands s'y établirent peu d'heures après le départ de Camô. Cette malheureuse ville eut énormément à souffrir de la bataille et de l'occupation. « Je ne pense pas, écrit un étranger qui avait suivi l'armée et visité une maison pleine de blessés, je ne pense pas qu'aucune des horreurs de la guerre dépeintes par la plume trop fidèle d'Erckmann Chatrian, ait égalé celles que contenait cette maison. Toutes les chambres, et il y en avait un grand nombre, étaient combles, de la cave au grenier, d'hommes morts ou mourant d'inanition, et ils étaient tellement entassés qu'il était impossible de se mouvoir au milieu d'eux. Quelques-uns étaient là depuis le mardi soir, beaucoup depuis le mercredi; c'était maintenant samedi, et pas une goutte d'eau, pas un atome de nourriture n'avait encore passé par leurs lèvres. Beaucoup étaient mortellement blessés, mais encore vivants. Il y avait un grand nombre d'officiers parmi eux, l'un d'eux tendrement soigné par un sergent de son régiment dont la jambe était brisée, et qui l'avait couvert de son propre habit. Les fenêtres de la maison avaient été rompues, on n'y trouvait aucun ameublement, et, pendant ces jours et ces nuits d'un froid presque sibérien, ils avaient été couchés sur le parquet avec leurs blessures non pansées. La puanteur était effrayante. Dans toutes les maisons du village, même spectacle. Dans quelques chambres, il y avait douze ou quatorze hommes, dont plusieurs morts. Ce qui était pire encore, un pauvre garçon était couché seul dans une chambre, la cuisse traversée par une balle. Le froid et la faim avaient fait de lui l'être le plus digne de pitié que j'aie jamais rencontré. Son exclamation : « Quel bonheur ! » quand il s'aperçut que des figures humaines étaient près de lui, ne sera jamais oubliée de ceux qui l'ont entendue. Cette nuit-là, un bon médecin uhlan offrit de panser quelques-unes des blessures les plus graves ; mais il n'avait d'autre instrument qu'une paire de ciseaux et quelques épingles. Heureusement que l'ambulance anglaise arriva, et la plupart des blessés purent être transportés, pendant la nuit, et le matin suivant, au couvent des Ursulines, à Beaugency. Beaucoup, hélas ! étaient trop près de la mort pour supporter le trajet, et un excellent prêtre français, lui-même mourant de consomption, passa la nuit avec eux à prier et à accomplir, avec l'assistance d'un soldat anglais, les derniers sacrements de l'Église. Beaucoup d'Allemands, avec la croix rouge, passèrent pendant la nuit, mais ils refusèrent de donner le moindre secours étant trop occupés à emmener le bétail, les ânes et les chiens qu'ils avaient pillés dans les fermes voisines. »

Ce tableau navrant et impartial, dû à la plume d'un étranger, donne une idée de l'état déplorable dans lequel se trouvait l'armée française.

Les combats du 9 et du 10 décembre à Josnes et à Origny, dans lesquels les troupes françaises avaient eu le plus souvent l'avantage, n'avaient fait néanmoins qu'ajouter à la fatigue, sans améliorer la situation. Il était évident qu'on ne pouvait tenir contre les forces allemandes, accrues chaque jour de troupes fraîches, et qu'il fallait songer à se replier sur Vendôme.

Les quatre jours de combats autour de Josnes avaient été exceptionnellement pénibles pour les deux armées. Les Allemands en ont gardé, eux aussi, un cruel souvenir, et les ont appelés *les jours de décembre*. Le premier corps bavarois, seul, laissait sur les champs de bataille de Meung et de Beaugency quatre-vingt-seize officiers et plus de deux mille soldats.

---

# CHAPITRE IX

## LA RETRAITE INFERNALE. — LA BATAILLE DE VENDÔME

Cette seconde partie de la terrible guerre de 1870 frappait de surprise les troupes allemandes. Qu'était-ce donc que cette armée, née d'hier, qui lui disputait la victoire avec autant d'habileté que de bravoure ? C'est qu'enfin l'armée française avait un chef digne de la commander, digne du rôle glorieux et difficile qui lui était confié.

Durant huit jours sur dix, ces troupes nouvellement formées avaient combattu et tenu avec opiniâtreté contre des assauts sans cesse renouvelés. Chanzy avait même un instant espéré rejeter les ennemis sur Orléans, mais leurs masses devenaient de plus en plus compactes. Le prince Frédéric-Charles était venu au secours du grand-duc de Mecklimbourg ; il arrivait sur le terrain avec deux de ses corps d'armée. Que pouvaient les troupes de Chanzy, déjà réduites par une suite de combats meurtriers, épuisées par une lutte qu'elles soutenaient toutes sans exception, du matin au soir, contre les chocs réitérés d'un ennemi qui disposait de forces toujours fraîches et infatigables, puisqu'il n'engageait chaque jour qu'une partie de son armée et faisait reposer le reste pour le mettre en ligne le lendemain [1].

Chanzy se décida donc à battre en retraite sur Vendôme et à venir reconstituer son armée derrière la Loire.

Ce mouvement allait découvrir Tours, où la sécurité de la Délégation serait menacée ; en conséquence, il fut décidé que les membres du Gouvernement se transporteraient à Bordeaux.

Le 11, au matin, commença à travers les larges espaces de la Beauce cette retraite fameuse qui fut appelée la *retraite infernale*.

[1] Chanzy.

Chanzy avait tout prévu ; le reploiement devait se faire avec une certaine lenteur, et la marche ne s'accélérer que si l'on était attaqué. Autant que possible, les troupes se retireraient par échelons, les bataillons se tiendraient toujours prêts à se développer rapidement, et l'artillerie divisionnaire resterait en mesure d'appuyer son infanterie.

Les soldats marchent, mais les plus mâles courages s'affaissent au milieu de souffrances sans nom. « La grande période de froid, que nous venions de traverser, avait tout à coup fait place au dégel, écrivait l'un d'eux, et cela à l'instant où l'on s'engageait dans les terres labourées. Que l'on se figure des fantassins alourdis par le poids de leurs armes et de leurs bagages, s'avançant à travers ces plaines, dont le sol profondément remué se dérobait sous les pieds.

« Enfoncé dans cette terre grasse et lourde, c'est au prix de mille efforts que l'on parvenait à se dégager, et ces efforts, il fallait les renouveler à chaque pas. De temps à autre, un fossé se présentait qu'il fallait franchir, les hommes avaient perdu toute leur agilité, et c'est en s'aidant les uns les autres qu'ils arrivaient enfin à laisser derrière eux un obstacle dont, en d'autres temps, ils se fussent fait un jeu.

« Les cavaliers, au premier abord, paraissaient avoir moins à souffrir ; mais leur situation n'était guère moins pénible. A chaque instant, les chevaux menaçaient de rouler dans la boue avec leurs cavaliers ; leur marche rendue difficile et heurtée était horriblement fatigante, et nous vîmes beaucoup d'officiers mettre pied à terre plutôt que de subir plus longtemps ce supplice.

« Le spectacle que présentaient les convois était plus lamentable encore. La longue file de voitures se déroulait à perte de vue et s'avançait lentement à travers la plaine.

« Bien que, pour la plupart, les attelages eussent été doublés, à chaque instant, l'un d'eux s'arrêtait, au milieu des imprécations des convoyeurs et des muletiers. Tantôt un cheval s'abattait et ne se relevait que sous le fouet. Le plus souvent, à bout de forces, usé par les fatigues de la campagne, il s'arrêtait tout à coup, et les cris et les violences ne pouvaient obtenir de lui un pas de plus. Alors on le dételait et on l'abandonnait sur le bord de la route où il achevait de mourir. Plus tard, il nous est arrivé, près de nos cantonnements, de passer auprès de quelque malheureux cheval ainsi abandonné. Au bruit de nos pas il avait parfois la force de se relever ; il attendait, sans doute, de nous un secours que nous ne pouvions lui donner. Puis, il retombait, comme si ce suprême effort l'eût épuisé. Plusieurs jours après, repassant au même endroit, nous revoyions le pauvre animal. Il respirait encore ; sa tête allongée sur le sol se tournait vers nous... D'autres fois, poussés par la faim, des soldats ou des convoyeurs, au premier cheval qu'ils rencontraient le long de la route, découpaient sur lui quelque maigre filet, et l'on voyait cette plaie béante qui semblait appeler les oiseaux de proie. »

C'est au milieu de toutes ces misères que l'armée continua, le 13 décembre, sa marche sur Vendôme et dans la direction du Loir dont le cours devait favoriser une guerre défensive, et, dans le cas d'un mouvement de l'ennemi venant de la direction de Chartres, l'armée française était toujours à temps pour se retirer sur Le Mans et en arrière de la Sarthe.

Le 13, au soir, le mouvement sur Vendôme était effectué en dépit de difficultés stratégiques et matérielles de toutes sortes.

De son côté, Frédéric-Charles, malgré la lassitude de ses troupes, avait réussi à atteindre l'armée française : une grande bataille était donc imminente.

Hélas ! les malheureux soldats, épuisés par la souffrance, attristés par des insuccès répétés, se décourageaient ; les chefs eux-mêmes avaient moins de cœur. Seul, l'intrépide Chanzy conserve toute son énergie, tout son sang-froid, toute sa présence d'esprit. Il veut rendre à ces troupes abattues quelque chose de l'ardeur qui le soutient : le 15, au matin, il leur adresse ces fières paroles :

« SOLDATS DE LA DEUXIÈME ARMÉE !

« Depuis quinze jours vous n'avez pas cessé de combattre. Vous avez lutté héroïquement contre la principale armée allemande, commandée par le prince Frédéric-Charles, et, si vous n'avez pas chaque jour, comme à Vallières, à Coulmiers, à Villepion, complètement battu l'ennemi, vous n'avez jamais subi de défaite, puisque, chaque soir, vous avez couché sur vos positions, disputées avec acharnement de l'aube à la nuit. Pendant cinq jours la deuxième armée, appuyant sa droite à la Loire, sa gauche à la forêt de Marchenoir, s'est maintenue dans ses lignes en avant de Josnes; et les batailles des 7, 8 et 9 décembre ont été aussi glorieuses pour vous que funestes à l'ennemi, qui, de l'aveu de ses prisonniers, a subi des pertes considérables, surtout en officiers de tous grades.

« Des considérations stratégiques vous ont ramenés sur les positions que vous occupez actuellement. Vous les conserverez, quels que soient les nouveaux efforts de l'ennemi, qui s'acharne à vous parce qu'il comprend que vous êtes pour lui l'obstacle et la résistance.

« Ce que vous venez de faire, malgré des privations forcées, des fatigues incessantes, le froid, la neige, la boue de vos bivouacs, vous le continuerez, puisqu'il s'agit de sauver la France, de venger notre pays envahi par des hordes de dévastateurs.

« Pour nos nouveaux efforts il faut l'ordre, l'obéissance. la discipline; mon devoir est de l'exiger de tous ; je n'y faillirai pas. La France compte sur votre patriotisme, et moi qui ai l'insigne honneur de vous commander, je compte sur votre courage, votre dévouement et votre persistance. »

L'action fut terrible, mais le succès resta indécis, et la bataille de Vendôme pouvait être considérée comme une victoire par chacun des combattants, selon le point de vue où on l'envisageait. Un historien allemand, racontant ce combat, se montre impartial : « Le 15 décembre, dit-il, le grand-duc de Mecklimbourg, à droite, et le général Voigts-Rhetz, à gauche, rencontrèrent une vigoureuse résistance sur la ligne de Morée à Vendôme. Le combat resta indécis, bien qu'à l'avantage des Allemands sur plusieurs points. »

Le lendemain, Chanzy dut reconnaître qu'il ne fallait plus compter sur l'énergie des troupes pour repousser une nouvelle attaque. Dès cinq heures du matin, il avait reçu la visite de l'amiral Jauréguiberry dont la ténacité lui était connue : « Nos hommes sont à bout non de courage, mais de forces, avait dit l'amiral ; je ne crois pas à la possibilité d'un effort de leur part dans quelques heures d'ici. »

Chanzy, que cette déclaration frappait au cœur, ne laissa rien paraître de son émotion et serra en silence la main de son intrépide compagnon d'armes ; mais un instant après il s'écria : « Quelle terrible campagne! ne pouvoir jamais compléter une victoire et, battant ou battu, reculer toujours! N'importe, nous ferons notre devoir jusqu'au bout! Pour le moment, il faut sauver l'armée ; je vais donner des ordres pour reprendre la retraite et ne l'arrêter qu'au Mans, derrière la Sarthe. »

Pour que cette retraite fût possible, il fallait qu'elle eût lieu aussitôt, afin de la dissimuler à l'ennemi. Les brouillards du Loir, intenses ce matin-là, favorisèrent les opérations, et quand, vers neuf heures du matin, il se dissipa, les Allemands, très surpris, entendirent de sinistres explosions qui ébranlaient la vallée ; les ponts du Loir venaient de sauter.

Les colonnes allemandes, qui, se rendant compte de la situation, s'étaient mises en marche, arrivaient trop tard pour la poursuite.

Une fois de plus, la deuxième armée de la Loire avait échappé à ses implacables ennemis.

## CHAPITRE X

### RETRAITE SUR LE MANS

« Cette armée, écrit l'un des historiens de la retraite [1], cette armée qui s'était défendue avec une incomparable vaillance, qui avait accepté tant de cruelles souffrances, qui était demeurée à la hauteur des sacrifices que son chef avait réclamés de son patriotisme et de son abnégation, était condamnée une fois de plus à la retraite. Toujours reculer sous les balles des tirailleurs d'avant-poste ! Toujours hâter la marche, les pieds meurtris, sans chaussures, sous les épais flocons de neige qui amortissent le bruit des pas des chevaux de ces infatigables uhlans, si audacieux dans la poursuite !

On s'est battu à notre gauche, dans cette journée

[1] *La Retraite infernale*, par Edmond Deschaumes, auquel nous empruntons entièrement ce chapitre.

sinistre du 16 décembre, à Morée, à Froidmentel et le général Rousseau a tenu bon. Mais qu'importe la résistance sur un point isolé de notre ligne ? L'ordre de la retraite est général. L'armée couchera ce soir à Montoire, aux Roches, à Fortan, Épuisay, le Temple, Mondoubleau, Saint-Argile, s'appuyant d'un côté au Loir, et de l'autre au Droué.

Le temps était redevenu déplorable et les routes tellement mauvaises que les voitures s'embourbaient. Les conducteurs et les charretiers étaient réduits à abandonner leur matériel à l'ennemi. Une mitrailleuse tomba ainsi entre les mains des Allemands. Une batterie de 12 fut enlevée tout entière. Les hommes s'étaient grisés dans une cave qui leur avait été ouverte par un propriétaire trop généreux. Un détachement prussien atteignit nos artilleurs dans un chemin creux où les pièces avançaient à grand'peine, les roues enfoncées dans la boue, les chevaux tirant très difficilement sur ce terrain glissant et gras. Des sapeurs de la 3ᵉ compagnie *bis* du génie, des chasseurs du 11ᵉ bataillon conduits par le capitaine Joly et le commandant Fouesseau, essayèrent de dégager nos canons en détresse. Ils y seraient parvenus sans le déplorable entêtement du commandant de la batterie qui s'obstina à vouloir quand même faire passer ses canons par ce chemin impraticable.

Une note de la main du général en chef rend justice à l'intrépidité des chasseurs à pied et des sapeurs du génie dans ce combat d'arrière-garde. « Dans cet engagement qui fait grand honneur au capitaine Joly et à ses sapeurs, a-t-il écrit, quarante de nos soldats avaient lutté contre deux cents Prussiens, leur avaient tué ou blessé une cinquantaine des leurs et fait quinze prisonniers. Les sapeurs, pour la plupart, ne comptaient pas trois mois de service. La section eut un homme tué et huit blessés. »

Depuis que nos troupes avaient quitté les immenses plaines beauceronnes, où l'on marche en pays plat à perte de vue, où l'œil ne s'arrête que sur des villages éloignés, des fermes isolées, un château qui dresse au-dessus des arbres dépouillés les poivrières de ses tourelles et les flèches de ses girouettes, l'aspect de la contrée avait subitement changé. Maintenant c'étaient des chemins encaissés, des bois de sapins aux âcres senteurs de résine, des champs barricadés par d'énormes haies vives, à travers lesquels il serait impossible de faire manœuvrer les caissons de l'artillerie et les chevaux de la cavalerie.

A la guerre de plaine, aux batailles rangées, va donc succéder, sur ce terrain d'une configuration si différente, une nouvelle guerre, guerre de partisans, d'embuscades, de surprises, guerre plus favorable à de jeunes troupes qu'intimident les vastes déploiements de forces et la solennité des cirques immenses où se décide la fortune des batailles. Le général Ambert a fait remarquer justement combien il eût mieux valu, dès le principe, sacrifier Tours, transporter plus loin le Gouvernement de la Défense nationale et attirer l'ennemi sur ces contrées où le courage individuel et l'ardeur du patriotisme pouvaient sans désavantage contrebalancer l'expérience et la discipline.

Il était malheureusement trop tard pour profiter de ces éléments de combat. Le soldat était démoralisé par la stérilité des efforts tentés pour ressaisir la victoire, par ces étapes en arrière se succédant chaque jour sans nul retour en avant. L'hiver était implacable. Hier, la neige ; aujourd'hui, la boue et l'eau pénétrante du dégel. Point de lueur d'espérance à l'issue des combats. Pas un de ces secrets présages d'en-haut qui semble promettre à l'homme que la fortune changeante va tourner enfin et lui sourire !

Cependant il y a encore des éclairs de gaieté parmi ces soldats qui, depuis des semaines entières, n'ont cessé un seul instant d'entendre gronder le canon. Au milieu de périls mortels, d'épreuves physiques et morales, officiers et soldats oublient les tristesses et les souffrances devant le comique des situations. Nos zouaves, en Crimée, avaient un théâtre. Nos soldats de la deuxième armée n'eurent pas, certes, le loisir de se livrer à de semblables passe-temps ; mais le vieux rire gaulois sonnait franc et joyeux au jour des revues d'habillement.

On riait alors à gorge déployée des étranges blessures qu'un trop long usage avait fait subir aux différentes parties de notre uniforme. Un narrateur raconte ainsi une anecdote de la première journée de la retraite du Mans :

« A Epuisay, où nous arrivâmes dans la nuit, nous eûmes peine à trouver un logement. L'état-major s'installa dans l'école du village, ce qui donna lieu à une scène assez originale. Au moment de rédiger et de dicter les instructions, le sous-chef d'état-major général se plaça dans la chaire de l'instituteur. Au lieu de l'auditoire habituel des écoliers, on vit se ranger le long des tables des officiers d'état-major et des caporaux d'infanterie. Les instructions dictées, le bureau se transforma en chambre à coucher, c'est-à-dire que l'on s'étendit à même sur les tables ou sur le plancher. »

Malheureusement, ceux qui trouvaient encore cette force de rire dans le spectacle de tant de misères, où le comique et le grotesque s'alliaient parfois aux horreurs d'une effroyable tragédie, ceux-là étaient le petit nombre. A notre aile droite principalement, le désordre se mettait dans nos colonnes. Elles s'allongeaient pitoyablement. Une masse de fuyards désertaient dans l'espérance de toucher plus vite au Mans, où l'on allait enfin pouvoir se refaire, où ces hommes démoralisés et épuisés comptaient trouver un remède à tous leurs maux. Chanzy devait prévenir le général Négrier commandant la subdivision de la Sarthe, de fermer aux bandes dispersées les portes de la ville. La gendarmerie avait été envoyée en avant pour forcer les fuyards à rebrousser chemin.

« On approchait du Mans, dit M. Martin, et l'attraction de cette grande ville, qui semblait promettre enfin à nos soldats le repos, produisait un funeste effet sur les troupes et avait je ne sais quelle puissance désorganisatrice. On voyait alors, en dépit des postes de gendarmerie établis de loin en loin sur la route et chargés d'arrêter les isolés, des bandes nombreuses de soldats se diriger sur Le Mans, qui semblait pour eux la terre promise. C'était ce que nos officiers appelaient les *traînards en avant*.

« Les habitants du Mans virent ainsi défiler devant eux, durant plusieurs jours, des soldats à l'aspect le plus misérable, les vêtements couverts de boue, en guenilles, les figures hâves et amaigries, les regards tristes et semblant implorer la pitié. La plupart, la tête couverte de leurs bonnets de coton sordides, sous leur képi dont ils avaient en outre rabattu la coiffe sur les oreilles, auraient donné l'idée du soldat d'hôpital. Telle était pour ainsi dire l'avant-garde de cette armée de Chanzy. »

Le 17, l'armée continuant sa marche occupa des positions nouvelles. Le XXIe corps s'établit entre Conflans et Berfay ; le XVIIe, à Saint-Calais ; le XVIe. à Saint-Gervais-de-Vic, à Bessé, avec son centre à hauteur de la Chapelle-Huon ; le général Barry derrière la Braye, couvrant la route de Bessé à Lavenay.

Dans ses instructions, le général en chef exigeait qu'il y eut derrière toute la ligne d'infanterie en retraite des cavaliers en éclaireurs, de façon à s'opposer aux uhlans qui suivaient l'armée, nos cavaliers devant se montrer aussi audacieux que ces uhlans et rendre les mêmes services.

Pendant cette journée, la brigade Koch, du XVIIe corps, fut attaquée sur la route de Vendôme à

Saint-Calais par les Allemands, qui essayèrent de la surprendre en s'abritant derrière les bois. Le général Koch les repoussa. A notre gauche, la division Goujard (corps de Bretagne) fut très sérieusement engagée à Droué. Surprise par une violente fusillade au moment où elle se reposait d'une marche qui avait duré toute la nuit, cette division plia tout d'abord et plusieurs régiments de mobilisés se débandèrent. Le général Goujard mit pied à terre, rallia ses hommes, lança en avant ses tirailleurs, puis, à la tête de quelques compagnies, enleva d'assaut Droué, d'où il chassa les Allemands en leur infligeant des pertes sérieuses. On retrouva, parmi les morts, les cadavres de deux officiers supérieurs que, dans la rapidité de leur fuite, les Prussiens n'avaien pointt eu le temps d'enlever.

Pendant la journée du lendemain la neige ne cessa de tomber, et la température devint plus favorable, quoique très basse. L'armée alla coucher sans encombre sur les positions indiquées par les ordres du quartier général de Saint-Calais : le XXIe corps, à Saint-

Maixent ; le XVIIe, de Condrecieux à Maisoncelles; le centre, à Montreuil-le-Henry, et le général Barry, de Lavenay, par la Maladrerie, sur Jupilles.

Tous les renseignements s'accordaient pour représenter l'état des Prussiens comme très mauvais.

Les soldats étaient harassés par tant de fatigues, las de se battre et déroutés par cette résistance opiniâtre que leurs chefs ne leur avaient nullement fait prévoir. Les convois et l'artillerie, forcés comme les nôtres à suivre les grandes routes défoncées par la rigueur de la saison et le continuel passage de troupes et de voitures, n'avançaient que lentement, péniblement.

Chanzy, toujours énergique, toujours combattant, faisait former de petites troupes de cavalerie légère, composées d'hommes d'élite, bien montés, commandés par des officiers soigneusement choisis, pour faire à l'ennemi la guerre d'avant-gardes, de surprises et d'embuscades, pour enlever les convois, les canons même, par des pointes hardies poussées jusqu'au milieu des colonnes prussiennes. En même temps, le génie coupait, après le passage de nos dernières troupes, les routes et les chemins, et faisait des abatis d'arbres pour retarder encore la marche et la poursuite de l'ennemi.

Le 19, au matin, le grand quartier général était au Mans. Le général en chef avait désigné les troupes de la gendarmerie et du génie pour y tenir seules garnison. Il était expressément défendu aux soldats de toute arme d'y pénétrer sans permission. Cette interdiction s'appliquait également aux officiers, et il fut enjoint aux chefs de corps de désigner au grand quartier général les officiers qui auraient abandonné leurs corps respectifs de leur propre autorité.

Plusieurs officiers avaient été vus pendant la retraite dans des voitures, loin de leurs troupes, sous prétexte de maladie et sans avoir été autorisés. Chanzy voulut connaître leurs noms et punit de quinze jours d'arrêt un capitaine du 51e de marche pour avoir laissé les hommes du convoi qu'il commandait déposer leurs armes dans les voitures.

C'est au milieu de tous ces soucis, de cette indiscipline, de la mollesse et du découragement des uns, du mauvais vouloir des autres, que le général Chanzy réussit à conduire saine et sauve devant Le Mans cette deuxième armée qui n'avait cessé d'entendre le canon depuis le 28 novembre, qui avait livré chaque jour plusieurs combats et qui avait infligé, par sa meurtrière résistance, de sanglants défis à l'ennemi, chaque fois qu'il avait prétendu, dans ses bulletins mensongers, que l'armée de la Loire avait cessé d'exister. »

---

# CHAPITRE XI

## LE MANS. — PARIS A FAIM. — PILLAGE DE SAINT-CALAIS. — PROTESTATION DE CHANZY

Le Mans fut, pour les malheureux soldats, une sorte de Terre promise où ils trouvèrent des vivres, des vêtements, et purent refaire leurs forces épuisées. Pendant ce temps, le général Chanzy songeait à tenter un sérieux effort pour la délivrance de Paris.

Le capitaine d'état-major de Boisdeffre, parti de Paris par le ballon *Lavoisier*, lui avait apporté les communications du général Trochu.

Le peuple parisien, disait-il, était très ferme et courageux, les troupes en bon état, mais une sortie, dans le but de trouver la ligne d'investissement, était jugée impossible sans le concours d'une armée de secours. Or, il fallait se hâter : Paris ne pouvait tenir plus longtemps que le 20 janvier. La famine était à la porte : le froment commençait à manquer. Les boulangers devaient fabriquer le pain avec un mélange de riz, de fécule, de farine, d'avoine. Plus souvent encore les Parisiens se nourrissaient d'un atroce et compact mélange dans lequel entraient les éléments les plus inattendus. Ce pain étrange eût été digne de figurer à côté de celui que Masséna fit fabriquer dans Gênes, et qui contenait du cacao. Quant à la viande, la population parisienne devait se contenter de celle des chevaux. Souvent même la ration dérisoire était remplacée par un hareng-saur ou une poignée de riz. Il avait été constaté, déjà, à la fin de novembre, que l'on vendait sur les marchés de l'âne, du mulet, des rats, des chats, des chiens. L'âne et le mulet valaient de 6 à 8 francs le kilogramme ; une oie se payait 25 à 30 francs ; le jambon, quand il s'en trouvait, 16 francs le kilogramme ; une paire de lapins, 30 francs ; une carpe, 20 francs ; le boisseau de pommes de terre, ramassées sous le feu des Prussiens par des maraudeurs, femmes ou enfants, 6 francs ; un chou, 1 fr. 50 ; le beurre frais, 40 francs le kilogramme. On pense ce que devaient être les souffrances et les privations de Paris, le 22 décembre, un mois après cet exposé du prix des denrées !

Le général Chanzy s'empressa de faire connaître ces nouvelles au ministre de la Guerre, qui se trouvait à Lyon ; il terminait sa lettre en disant qu'il hâtait la réorganisation de son armée et en faisant l'exposé de ses projets.

Malheureusement, cette fois-ci encore, les hésitations et l'incurie du Gouvernement devaient tout compromettre : le plan de Chanzy fut ajourné, et le général dut se borner à pourvoir à la réorganisation de ses troupes. Mais il ne pouvait espérer que le prince Frédéric-Charles les laisserait jouir en paix de quelques jours de repos ; de nouveaux combats eurent lieu, et, le 25 décembre, les Prussiens entrèrent dans Saint-Calais, ville ouverte, pillèrent les maisons et maltraitèrent indignement les habitants.

La générosité naturelle et la justice de Chanzy furent révoltées de ces cruautés inutiles ; il écrivit au général commandant, à Vendôme, pour se plaindre de la lâche conduite des soldats allemands.

« Du grand quartier général du Mans, le 26 décembre 1870

« MONSIEUR LE COMMANDANT,

« J'apprends que des violences inqualifiables ont été exercées par des troupes sous vos ordres sur la population inoffensive de Saint-Calais, malgré ses bons traitements pour vos malades et vos blessés.

« Vos officiers ont exigé de l'argent et autorisé le pillage : c'est un abus de la force ; il pèsera sur vos consciences, mais le patriotisme de nos populations saura le supporter. Ce que je ne puis admettre, c'est que vous y ajoutiez l'injure, alors que vous savez qu'elle est gratuite.

« Vous avez prétendu que nous étions les vaincus ; cela est faux. Nous vous avons battus ou tenus en échec depuis le 4 de ce mois. Vous avez osé traiter de lâches des gens qui ne pouvaient vous répondre, prétendant qu'ils subissaient la volonté du Gouvernement de la Défense nationale, qui les obligerait à résister alors qu'ils veulent la paix et que vous la leur offrez. Je proteste avec le droit que me donne de vous parler ainsi la résistance de la France entière et celle que mon armée vous oppose et que vous n'avez pu vaincre jusqu'ici.

« Cette communication a pour but d'affirmer de nouveau ce que cette résistance vous a déjà appris. Nous lutterons avec la conscience du droit et la volonté de triompher, quels que soient les sacrifices qu'il nous reste à faire. Nous lutterons à outrance, sans trêve ni merci, parce qu'il s'agit aujourd'hui de combattre non plus des ennemis loyaux, mais des hordes de dévastateurs.

« A la générosité avec laquelle nous traitons vos prisonniers et vos blessés, vous répondez par l'insolence, l'incendie et le pillage.

« Je proteste avec indignation au nom de l'humanité et de la civilisation, que vous foulez aux pieds. »

Cette belle lettre n'obtint d'autre réponse que le reçu suivant :

« Deuxième armée

« Reçu une lettre du général Chanzy. Un général

prussien, ne sachant pas écrire une lettre d'un tel genre, ne saurait y faire une réponse par écrit.

« Quartier général de Vendôme, 28 décembre 1870.

« *Le Commandant général, à Vendôme,*

« (Signature illisible.) »

Le plan du prince Frédéric-Charles n'était plus un mystère. Il faisait converger toutes ses forces sur Le Mans, de façon à y enfermer la deuxième armée. Chanzy comprit qu'il fallait entraver sa marche, dérouter ses plans en reprenant hardiment l'offensive,

# CHAPITRE XII

## L'ARMÉE FRANÇAISE PERD DU TERRAIN

Des combats partiels eurent lieu avant la journée décisive et Chanzy, jugeant que la situation devenait critique, avait chargé l'amiral Jauréguiberry de diriger les opérations des troupes dont la position lui inspirait de vives inquiétudes. En conséquence de cet ordre, l'amiral se rendit à Château-du-Loir le 8 janvier et enjoignit au général Barry de tenir à Chahaignes. La conservation de ce point était considérée comme très importante pour sauvegarder la retraite des colonnes sur Le Mans.

Le 9, au matin, Barry fut attaqué et, malgré la vigueur de sa résistance, obligé, vers le soir, de se retirer sur Jupilles pour gagner Écommoy le lendemain.

Un capitaine du 38e de marche, qui assistait à ce sanglant combat de Saint-Pierre-du-Lorouer, a fait ce récit : « Le 9 janvier, après trois jours de marche sur le verglas, au milieu des chevaux s'abattant à chaque pas, et toujours vigoureusement poursuivis par l'ennemi, nous fûmes chargés de défendre le passage de Lorouer. Notre régiment se porta à Brives, en avant du village, à quatre heures du matin. Dans cet endroit, la route est encaissée entre deux hautes collines couvertes de sapins...

« Le 38e fut placé dans les sapins qui couvraient les deux collines, à bonne portée d'un point sur lequel devait nécessairement passer la colonne d'attaque que nous attendions.

« Nous attendîmes ainsi dans le plus grand silence, entièrement cachés par les sapins couverts de neige; ce ne fut qu'à deux heures de l'après-midi qu'un uhlan fut aperçu à deux cents mètres de nos avant-postes placés dans un fossé de la route même. Il s'avança peu à peu, suivi de deux autres cavaliers. Espérant qu'ils s'engageraient jusque dans nos lignes et que nous pourrions leur couper la retraite, nous défendîmes expressément à nos hommes de tirer ; malheureusement un coup de feu parti du haut de la colline en entraîna d'autres, et les cavaliers se sauvèrent au galop sans avoir été atteints. Dès lors nous nous attendions à l'attaque de l'infanterie. Il n'en fut rien. Nous, Français, nous nous serions certainement contentés du rapport de ces trois cavaliers ; il n'en était pas de même de nos ennemis. Il leur fallait connaître, pour ainsi dire, la position de chacun de nous, afin d'agir en conséquence.

Un instant après, un officier de hussards prussiens s'avance, à la tête d'une vingtaine d'hommes, sur la route qu'il savait parfaitement occupée. Il semble avoir beaucoup de peine à entraîner ses cavaliers, séparés de lui d'une trentaine de mètres. Dans le silence solennel qui règne nous entendons le *Forwertz* prononcé d'une voix brève par l'officier qui s'avance jusqu'à environ cinquante pas de nos premiers postes. Là, il s'arrête, tourne son cheval à droite et à gauche et semble provoquer un coup de feu. Rien ne bouge. Il appelle alors un de ses hussards et désigne un buisson d'où les coups de feu étaient partis un instant auparavant. Le cavalier s'avance et fait feu dans la direction indiquée. Impossible alors de maintenir plus longtemps nos hommes, le feu gagne tout le vallon... »

Cet épisode raconté avec beaucoup de naturel et de vérité nous montre avec quelle facilité les jeunes soldats improvisés, si braves, mais si inexpérimentés, perdaient tout sang-froid en présence de l'ennemi, et combien ces troupes, si insuffisamment préparées, rendaient difficile la tâche de Chanzy.

Cependant, il ne veut pas désespérer. Dans cette même journée du 9, il avait donné à chacun des ordres précis et exprimé son mécontentement contre les chefs qui, selon lui, n'avaient pas tenu assez vigoureusement.

« Si l'ennemi avance aussi effrontément, disait-il, c'est, il est pénible de l'avouer, parce que nous ne lui opposons nulle part une résistance sérieuse, alors que nous disposons partout de forces au moins égales aux siennes.

« La retraite ne mène à rien; elle n'est que le

principe d'un désordre que nous devons éviter à tout prix.

« Il faut donc que, dès demain, dans toutes les directions et sur tous les points à la fois, on reprenne l'offensive... »

Mais la journée du 10 ne fut pas plus heureuse. Sur certaines routes, il fallut jeter du fumier et du sable pour pouvoir y traîner les pièces d'artillerie. A Changé, où un combat eut lieu, le colonel Ridell quitta le champ de bataille le dernier. Son cheval était couvert de blessures, ses officiers avaient été tués à ses côtés.

Il fallait bien le reconnaître, les Allemands partout gagnaient du terrain, l'heure était venue de livrer une bataille décisive.

---

# CHAPITRE XIII

## LA BATAILLE DU MANS. — LES DERNIERS COUPS DE FUSIL

Les deux armées étaient en présence ; une centaine de mètres à peine les séparait. La neige tombait à gros flocons et couvrait la terre d'une couche épaisse. « Ce fut une épouvantable nuit que celle du 10 au 11 janvier, écrit Mgr Renou. Le régiment s'avançait lentement, dans un morne silence, qu'interrompait une toux déchirante, opiniâtre, dont chaque repos provoquait un nouvel accès. »

Chanzy, malade lui-même, dévoré par la fièvre, était resté à la hauteur du péril. Dès le matin, il fit l'inspection des troupes rangées en bataille, relevant les courages, excitant l'enthousiasme.

« Suivi de son état-major et de son escorte de

spahis aux longs burnous rouges, il se dirige au galop par le faubourg de Pont-Lieu et la route de Tours sur la Tuilerie et le Tertre. Il fait ses dernières recommandations au général de Marivault et engage les mobilisés de Bretagne à défendre vaillamment la position de la Tuilerie. « Mes braves garçons, dit-il, « je compte sur vous ; » et, se tournant vers un de ses officiers : « Je crois bien, ajouta-t-il, qu'on ne « les dérangera pas. » Il longe le chemin aux Bœufs et parcourt les emplacements de son aile droite. Les ennemis étaient si près qu'on voyait, à travers les éclaircies des sapinières, leurs sentinelles qui se dissimulaient derrière les arbres et les haies. On les prendrait pour des ombres chinoises, se disaient les officiers. En avant de Changé, à quatre cents mètres des lignes, un spectacle curieux frappe les yeux de l'état-major français ; par une de ces gamineries qui ne sont pas rares à la guerre, les Prussiens des avant-postes s'amusent à jeter des boules de neige à nos tirailleurs. Chanzy en fait la remarque à haute voix et s'engage avec ses aides de camp sous le bois de sapins pour mieux distinguer les mouvements de

APRÈS LA BATAILLE DU MANS

l'ennemi. Mais ce groupe d'officiers attire l'attention des Allemands ; une vive fusillade part des haies et des buissons ; les branches des arbres craquent et se brisent autour du général. Il rebrousse chemin, et, avec cet air calme et presque gai qu'il avait dans les plus graves circonstances, avec l'allure toute française et militaire qu'il donnait naturellement à ses moindres actes : « Allons, Messieurs, dit-il, je crois que l'ennemi est aussi impatient que nous d'en finir, et ça va chauffer ! »

Il rentra dans la ville, à son quartier général. Cette chevauchée au grand air et la perspective d'une bataille imminente semblaient l'avoir transformé ; son visage ne portait plus trace de la fatigue et de la maladie ; il avait retrouvé sa belle humeur et sa tranquillité d'esprit. Au bout de quelques instants, il remonte à cheval et se rend à Yvré-l'Évêque. Partout, en passant sur le front des troupes, il exhorte les officiers et les soldats. Il sentait qu'il fallait « remonter le moral » et « stimuler le zèle et l'énergie de tous [1] ».

[1] Arthur Chuquet.

Il fait appel au courage et au patriotisme de l'armée, et cet appel, dit-il, fut entendu et compris.

Ces troupes, électrisées, firent des prodiges de valeur. Les zouaves pontificaux, en particulier, furent ce qu'ils avaient été à Loigny et à Villepion. A leur tête, le général Gougeard eut son cheval percé de six balles. « Allons, Messieurs, leur cria-t-il, en avant pour Dieu et pour la patrie ! » Et tous se jettent en avant sous le feu terrible des Allemands.

La victoire, un instant, parut sourire à leurs héroïques efforts ; du moins, quand vint la nuit, la bataille n'était pas perdue. Chanzy se montrait content et annonçait hautement que la journée était bonne, lorsqu'il apprit que les mobilisés d'Ille-et-Vilaine avaient abandonné la Tuilerie sans résistance. Une panique subite les avait saisis, et ils s'étaient enfuis sans avoir combattu. Cet incident malheureux commença la défaite.

Ce triste épisode de la bataille du Mans jette un jour des plus fâcheux sur l'organisation du camp de Conlie, point de centralisation des forces de Bretagne.

Ce camp de Conlie, placé sous la direction de M. de Kératry, eût pu aisément fournir à Chanzy 60,000 combattants; les mobilisés bretons étaient animés des meilleures dispositions, mais l'organisation de ce camp n'eut jamais rien de sérieux. L'intendance laissa les pauvres Bretons manquer de vêtements et de chaussures, et le ministre de la Guerre finit par renvoyer, dans les diverses villes de Bretagne, la majeure partie des mobilisés, auxquels on n'avait pu donner encore ni fusils ni équipement.

Quand on pressait Gambetta d'armer ou d'évacuer ce camp, il répondait :

« Comme le camp de Conlie confine à la politique, je ne crois pas pouvoir prendre une décision à son sujet sans en avoir référé... »

Les Bretons, en effet, comptent parmi les fils les plus courageux de la France, mais ils sont catholiques et, en général, attachés à la monarchie. Voilà pourquoi leur cause « confinait à la politique » et pourquoi il ne se trouva jamais d'équipement pour eux. Victorieux, ils auraient pu devenir un sujet d'inquiétude pour la République.

« Lorsqu'enfin l'évacuation fut ordonnée, raconte un des historiens de Chanzy, et que la plus grande partie des mobilisés fut acheminée sur la Bretagne, l'aspect qu'ils présentaient souleva tous les cœurs. Ces jeunes gens, qu'on avait vu passer un mois et demi auparavant pimpants, pleins de confiance, ne demandant qu'à être instruits pour marcher à l'ennemi, reparaissaient en désordre, couverts de boue, errant au hasard par les rues, minés par l'inaction, rongés par la plus énervante et la plus stérile de toutes les fatigues, la fatigue de l'ennui. Le général de division qui commandait à Rennes télégraphiait à Gambetta : « Émotion profonde et douloureuse dans la population. Les arrivées successives à Rennes des troupes venant de Conlie portent leur nombre à dix mille. Un grand nombre est à peine habillé et n'a aux pieds que des sabots. Ils ont l'air de mendiants pour la plupart, et leur présence à Rennes produit l'effet le plus déplorable. »

Quand les Prussiens arrivèrent à Conlie, ils y trouvèrent un énorme butin qu'on eût pu sauver si les instructions du général en chef avaient été suivies; mais la désorganisation était partout ; les officiers désespérés n'étaient plus écoutés de leurs hommes, qui semblaient fondre et disparaître plus vite que la neige des chemins.

Mais revenons à Chanzy : une fois de plus, il voyait le sort des armes se tourner contre lui. La mauvaise fortune s'acharnait sur ce soldat qu'aucun revers ne pouvait accabler.

Il s'était battu plus désespérément que jamais, préférant la mort au déshonneur d'une déroute. Quand il reconnut la lutte impossible, il céda, mais avec un sentiment de profonde douleur. « Le cœur me saigne, écrivait Chanzy à Jauréguiberry, mais quand vous, sur qui je compte le plus, vous déclarez la lutte impossible et la retraite indispensable, je cède. Préparez donc tout pour cette retraite; qu'elle se fasse le plus lentement et avec le plus d'ordre possible. »

Il fallait évacuer Le Mans et songer à se replier sur Laval.

La retraite de l'armée que Chanzy avait à ramener

sauve devant Laval eut un aspect lugubre et triste. Les troupes défilaient dans un pêle-mêle sans nom : aussi loin que pouvait porter la vue, la route était noire de soldats. « Les bataillons des mobiles étaient surtout désorganisés : chefs et soldats marchaient confondus, les premiers ne faisaient rien pour retenir leurs subordonnés et ramener une apparence d'ordre dans les rangs. A de certains moments, la fusillade et la canonnade semblaient se rapprocher; le bruit d'un obus venant éclater à peu de distance retentissait aux oreilles. Un instant cette foule s'arrêtait comme stupéfiée, puis elle reprenait sa marche folle [1]. »

La lutte pour tous semblait désormais impossible. L'intrépide Jauréguiberry lui-même disait à Chanzy : « Je ne me suis jamais trouvé, depuis trente-neuf ans que je suis au service dans une position aussi navrante pour moi. »

Mais notre héros, la tête haute, paraissait dominer l'infortune de toute la vigueur de son courage, et, du milieu de cet épouvantable tourmente, l'œil fixé sur

[1] M. Martin.

Paris, ordonnait de tenir à Laval, où l'armée livrerait un suprême et dernier combat.

Les trois engagements de Saint-Jean-sur-Erve, de Sillé-le-Guillaume et d'Alençon terminèrent les opérations actives de Chanzy et les glorieuses épreuves des soldats vaillants que n'avait abattus ni la bonne, ni la mauvaise fortune.

De Coulmiers à Alençon l'armée de la Loire avait livré, en deux mois, six grandes batailles et cinquante combats.

Le 17 janvier, toute l'armée acheva de passer la Mayenne et coupa les ponts derrière elle. Cette fois-ci encore Chanzy avait sauvé les troupes et avait conservé à la France sa dernière armée.

Mais le nombre des soldats qui lui restaient s'élevait à peine à 70,000, et il ne pouvait fonder d'espérances sérieuses sur les renforts qui devaient lui être envoyés. Une marche en avant devenait impossible, et Chanzy ne pouvait songer, dans ce moment, à reprendre l'offensive. D'ailleurs, en admettant l'hypothèse la plus favorable, il ne pouvait être prêt que dans les premiers jours de mars.

Le Gouvernement ne pouvait attendre; le jour même où Chanzy s'apprêtait à tenter un nouvel et audacieux effort, un armistice de vingt et un jours était signé à Versailles avec le comte de Bismarck. Quelques heures plus tard, le commandant de la deuxième armée de la Loire recevait par dépêche l'ordre de suspendre les hostilités et de traiter avec l'ennemi.

Le 30 janvier, le général en chef annonçait l'événement à ses troupes dans un ordre du jour ainsi conçu :

« Officiers et soldats de la deuxième armée !

« Un nouveau coup nous frappe, mais ne doit ni ne peut nous abattre. Après une lutte héroïque qui a duré près de cinq mois, après des souffrances et des privations noblement supportées, alors que toute ressource était épuisée à Paris, le Gouvernement de la Défense nationale a dû conclure, le 28 janvier, à Versailles, avec l'ennemi, une convention dont la conséquence est un armistice de vingt et un jours, expirant le 19 février.

« Quelque pénible que soit pour vous la situation que crée cette mesure, alors que, confiants en votre bon droit, animés par votre patriotisme, vous alliez tenter de nouveaux efforts, la parole du Gouvernement engagée doit être loyalement respectée : les hostilités sont suspendues.

« Une assemblée est convoquée, elle saura affirmer que la France entend que son honneur reste intact comme son territoire.

« Le devoir pour vous est de mettre ce repos forcé à profit pour vous préparer à reprendre la lutte, si des prétentions orgueilleuses rendent une paix honorable impossible, sans autre idée que de sauver la patrie ; vous resterez l'armée de l'ordre et de la défense nationale, prête à tous les sacrifices, animée d'un seul désir, celui de combattre à outrance jusqu'au triomphe d'un seul sentiment, celui de la vengeance, si le but de l'Allemagne est de nous opprimer, de nous réduire et de nous humilier.

« Au grand quartier général de Laval, le 31 janvier 1870.

« *Le général commandant de la deuxième armée*,

« *Signé :* CHANZY. »

Les derniers coups de fusil de la campagne de la Loire venaient d'être tirés près de l'étang de la Barbette, devant une auberge, à six kilomètres de Laval. Ils avaient dû retentir étrangement dans le cœur de Chanzy et y faire naître le pressentiment d'un irréparable malheur. Mais, avant de poursuivre l'histoire des dernières années du grand général, résumons, avec le général Ambert, les difficultés de sa tâche et saluons avec lui le héros vaincu.

« Chanzy conserva dans les plus grands périls cette attitude calme et ferme qui inspire la confiance. Soutenu par le sentiment du devoir, il s'élevait, pour ainsi dire, au-dessus de lui-même, prévoyant tout, sans trouble, encourageant les généraux par un langage clair et ferme. »

« Les ordres du jour sont de véritables modèles ! il est sévère, impitoyable pour les faiblesses. »

« Dans les retraites, il prenait à chaque instant l'offensive, parce que ces retraites, quand nos troupes ne voyaient plus l'ennemi, prenaient le caractère d'une déroute.

« C'est là le propre des armées improvisées. Avec elles il ne faut pas d'échecs; elles ne savent pas les réparer, pas même les supporter. L'erreur du dictateur fut de demander aux armées de province plus qu'elles ne pouvaient donner. L'erreur fut un peu celle des généraux.

« Les braves jeunes gens appelés à la défense du pays répandaient généreusement leur sang et vivaient misérablement, sans vêtements, sans abri, sans distributions régulières, malpropres, épuisés au moral et au physique ; mais la nature a des bornes que nul ne peut dépasser. Ces jeunes gens souriaient entre deux combats, ils retrouvaient leur ardeur pour courir au feu, ils restaient de longues heures les pieds dans la neige, ils supportaient les tortures de la faim. De leurs corps sanglants ils sillonnaient les chemins, mouraient de la petite vérole qui décimait les rangs, en un mot, ils donnaient tout ce qu'ils avaient de forces et de facultés. Leur demander ce que créent le temps, l'éducation militaire, l'expérience ; leur demander l'ordre et le silence dans les rangs, le sang-froid sous les obus, la bravoure calme du vrai soldat ; exiger d'eux la précision dans les mouvements tactiques, c'était trop. »

« La France a accompli les sacrifices dont aucun autre peuple n'eût été capable. Mais ceux qui ont espéré un seul jour que les Allemands seraient chassés par nos armées improvisées ont nourri des illusions. »

« Nos armées de province se fondaient comme la neige sous les rayons du soleil. L'habileté d'un général, son caractère énergique, sa science du métier pouvaient prolonger de quelques jours l'existence des troupes, soutenir des défaillances, inspirer les commandements secondaires ; mais l'arrêt qui prononçait notre perte a été certain le jour où disparaissaient les armées permanentes de l'Empire.

« On comprend toutefois les illusions généreuses

de quelques patriotes inexpérimentés. Depuis longtemps les historiens de la Révolution française avaient jeté dans les masses les croyances les plus fausses et les plus dangereuses. L'opposition à la tribune et dans la presse affirmait qu'en frappant du pied le sol de la patrie on en ferait jaillir des armées. MM. Gambetta, de Freycinet et leurs amis le croyaient; les généraux savaient le contraire, tout en cherchant à sauver le pays.

« Sans doute les armées ennemies s'affaiblissaient de leur côté, sans doute les généraux prussiens éprouvaient de grandes surprises et, parfois, des craintes d'une résistance dont la nation allemande elle-même, je le répète, n'eût pas été capable ; mais le mécanisme de l'armée prussienne ne cédait pas, les ressorts de la machine étaient remplacés à mesure, et, pour nous servir d'une comparaison matérielle, le combustible se renouvelait au moindre geste du roi Guillaume. »

« Les enfants de la France, de pauvres enfants, partis la veille de leur village, mettaient en fuite les grenadiers prussiens. Mais, l'effort accompli, ils tombaient épuisés; les uns mouraient; les autres, qui, avec le temps, fussent devenus invincibles, se dispersaient à tous les horizons. »

« Pendant ce temps, les Prussiens, réfugiés dans les villes, reprenaient haleine et frappaient de nouveaux coups avec de nouvelles armes. Ces souvenirs seront la gloire du général Chanzy et de ses lieutenants. »

Le 11 février, Chanzy apprenait que le département des Ardennes l'avait élu député.

Après avoir confié momentanément au général de Colomb toutes les forces de l'Ouest, il partit pour Bordeaux où il avait, disait-il, le devoir de porter à l'Assemblée son opinion sur la situation militaire de la France, et où il se fit l'avocat infatigable et passionné de la résistance ; il voulait qu'on s'opiniâtrât dans une guerre de désespoir plutôt que de subir, de la part du vainqueur, des conditions humiliantes. Il voulait, disait-il fièrement, conserver la tête haute et n'accepter, en aucune façon, le rôle de vaincu.

Il eût voulu faire retentir à la tribune et affirmer

hautement, devant le pays entier, son opinion personnelle. Mais, en l'absence de M. Thiers, tout débat public était suspendu, et la question ne devait être définitivement traitée qu'après l'issue des négociations ouvertes à Versailles.

---

## CHAPITRE XIV

### LA PAIX

Le premier jour de mars 1871, un penseur écrivait ces lignes désolées : « A l'heure qu'il est, les Prussiens sont dans Paris. Ils passent sous l'Arc de Triomphe, ils descendent l'avenue des Champs-Élysées, ils traversent la place de la Révolution, où ils rencontrent les statues de Strasbourg et de Metz ; ils passent sous l'ombre de l'Obélisque, — cet Obélisque qui a vu Moïse ! Ils longent le jardin des Tuileries ; les voici devant la colonne, les voici devant l'Hôtel de Ville, les voici partout. Rien ne bouge. Suivant la barbarie du rite antique, le vainqueur a voulu fouler aux pieds le vaincu. Le vaincu n'est pas mort, mais il a l'immobilité de la mort. Que ce pied est lourd, et comment se fait-il que la terre ne tremble point ? »

Quel cœur plus vaillant que celui de notre héros devait avoir à subir l'insulte du vainqueur ! Quand il sut à quel prix la paix était offerte, quand il apprit que le territoire allait être honteusement amoindri, tout son être tressaillit d'indignation. Selon lui, ces conditions ne pouvaient être acceptées ; il fallait continuer la guerre, la guerre sans répit, la guerre à outrance, la guerre à l'espagnole; il fallait lasser l'Allemagne et contraindre les puissances de l'Europe à intervenir.

« Il comprenait que la paix était « la meilleure solution ». Mais céder la Lorraine et l'Alsace, céder les boulevards de l'Est, Metz et Strasbourg, livrer 1,500,000 compatriotes, qui revendiquaient le droit inviolable de rester Français, qui nommaient Gambetta pour les représenter, qui suppliaient l'Assemblée, par la bouche de M. Keller, de M. Bamberger, de Küss déjà mourant, de ne pas les livrer à l'Allemagne y a-t-il dans l'histoire un épisode plus tragique ?

Jamais nation a-t-elle arraché de son corps un de ses membres, le plus vigoureux peut-être et à ce moment le plus cher, le plus précieux de tous, avec autant de désespoir ? Jamais peuple, sous le fer d'un impitoyable ennemi lui donnant à choisir entre la ruine totale ou une cession de territoire, a-t-il jeté un cri plus déchirant ? Que de Français avec Chanzy refusaient de souscrire aux conditions de cette paix implacable ! Que de patriotes demandaient avec rage la guerre à outrance ! Qu'importait d'exposer la France à de plus grandes détresses !

« On s'exaltait et l'on disait avec un sombre emportement ce mot du poète : *Imus, imus, precipites.* Devant les cruelles exigences du vainqueur, Thiers n'eut-il pas un instant la pensée de rompre les négociations et de continuer la guerre coûte que coûte ? Par moment, la Commission des Quinze, révoltée, exaspérée, ne se prenait-elle pas à songer que la France avait encore quelques chances, et qu'un grand pays, toujours grand malgré ses revers, ne pouvait abandonnner ainsi deux de ses plus belles provinces [1] ? »

[1] Arthur Chuquet.

Il fallait se rendre cependant: les propositions énergiques de Chanzy furent prises pour de généreuses illusions. Le pays était fatigué de la guerre : l'Europe restait impassible et indifférente ; l'armée victorieuse ne paraissait pas près de se lasser : l'ardeur de Chanzy et de ceux qui partageaient ses sentiments ne se communiqua ni à l'Assemblée nationale ni à la majorité des Français. La paix fut décidée.

Chanzy, profondément triste, vota contre le traité et regagna son quartier général de Pothiers. Lui aussi redisait dans son cœur ces paroles d'une navrante ironie: « C'est fait ! nous voilà sortis des horreurs de la guerre ;... nous entrons dans les horreurs de la paix. »

Avant de se séparer de ses compagnons d'armes, le général en chef de la deuxième armée de la Loire leur adressa l'ordre suivant; — c'était, hélas ! un dernier adieu.

## ORDRE GÉNÉRAL

« Officiers et soldats de la deuxième armée!

« Le traité ratifié le 1er mars par l'Assemblée nationale met fin à la guerre.

« En m'informant que mon commandement cesse, le ministre de la Guerre ajoute :

« Dites à votre brave armée, officiers de tous grades « et soldats, que je les remercie, au nom de notre « pays tout entier, de leur courage et de leur patrio- « tisme. Si la France avait pu être sauvée, elle l'eût « été par eux. La Fortune ne l'a pas voulu. »

« Je suis heureux de porter à votre connaissance ce témoignage de la satisfaction du Gouvernement.

« Vous pourrez être fiers d'avoir fait partie de la deuxième armée, dont les efforts, s'ils n'ont pas abouti au succès que vous avez poursuivi avec tant d'opiniâtreté, ne resteront pas sans gloire pour le pays, dont ils ont contribué à sauver l'honneur.

« Vous avez tenu tête aux armées les plus exercées et les mieux commandées de l'Allemagne. L'histoire racontera ce que vous avez fait; l'ennemi lui-même s'honorera en vous rendant justice.

« Vous allez rejoindre vos foyers, vos garnisons; conservez inébranlable votre dévouement au pays; restez, quoi qu'il arrive, les défenseurs de l'ordre.

« Quant à moi, mon plus grand honneur est de vous avoir commandés; mon plus vif désir, de me retrouver avec vous chaque fois qu'il s'agira de servir la France.

« *Le général en chef*, CHANZY. »

Chanzy consacra les loisirs forcés que lui donnait la paix à recueillir ses souvenirs, à les coordonner, tandis qu'ils étaient encore parfaitement présents à sa mémoire. Il voulait offrir à ses compatriotes et laisser à la postérité un récit exact et impartial de la terrible lutte qu'il venait de soutenir, et il écrivit l'histoire de *la deuxième armée de la Loire*.

On admire dans cet ouvrage la précision de l'historien, la modestie du général, la clarté de l'écrivain, l'impartialité du juge parfaitement intègre. Il n'exagère pas les succès obtenus, il ne dissimule pas les défaites; raconte les faits tels qu'ils se sont passés, sans aucune préoccupation personnelle, sans aucun but politique : sa seule ambition est de dire la vérité tout entière. « Je ne me suis jamais occupé de politique avant la guerre, écrit-il au début de son livre. L'existence militaire que j'ai menée presque constamment hors de France m'a toujours assez occupé pour absorber toutes mes pensées et tout mon temps. Je ne m'en suis pas mêlé durant cette campagne, ma mission m'ayant paru trop élevée pour songer à autre chose qu'à la défense du pays. J'en ferai, dans ce récit, un exposé sans esprit de parti et pour tous. J'écris avec sincérité, tout mon désir est d'être lu avec indulgence. »

Entre tous les ouvrages qui ont raconté la guerre de 1870, celui de Chanzy est considéré comme l'une des meilleures sources d'informations. Paru en juin 1871, il eut sept éditions successives, et l'honneur d'une traduction allemande. Le travail de Chanzy est divisé en six livres, qui portent les titres suivants : *Orléans*, *Josnes*, *Vendôme*, *Le Mans*, *Laval*, *Poitiers*. C'est une sorte de journal de la guerre soutenue par l'armée de Chanzy sur les bords de la Loire, du Loir et de la Sarthe, narration d'un style net et simple, qui entre dans le détail des moindres mouvements de troupes, de leurs plus insignifiantes escarmouches. « Il n'y est question que de marches et de combats, mais l'âme du patriote se révèle, et l'ardent amour pour la France se fait jour presque à chaque page : *eodem animo scripsit quo bellavit*, et, d'ailleurs, la part de l'armée de la Loire au « grand drame » de 1870 a été trop considérable pour qu'on ne lise pas sans émotion le récit de sa résistance souvent héroïque [1]. »

[1] Arthur Chuquet.

## CHAPITRE XV

### LA COMMUNE. — ARRESTATION DE CHANZY

La guerre civile succédait à la guerre étrangère. Sous les yeux des Prussiens cantonnés dans les forts de ceinture, des misérables, qui prirent les noms de fédérés parisiens, se révoltèrent contre le gouvernement de l'Assemblée nationale et proclamèrent l'indépendance de leur commune. Des scènes de hideuses sauvageries eurent lieu. Le général Clément Thomas et le général Lecomte furent indignement massacrés, et les communards, craignant que le général Chanzy ne fût appelé à prendre part à la répression, surveillaient son passage pour le cas où il se hasarderait dans la capitale.

Or il arriva que Chanzy, absolument sans défiance, vint ce même jour à Paris où sa présence fut aussitôt signalée.

Au moment où le train qui l'amenait arriva dans la gare du chemin de fer d'Orléans, les gardes nationaux envahirent le wagon-salon qu'occupait, avec sa famille, M. Turquet, député de l'Aisne, et demandèrent violemment où était Chanzy.

— Il n'est pas ici ! répondit M. Turquet.

— Vous vous trompez; il est ici et vous êtes son aide de camp.

M. Turquet protesta qu'il n'en était rien ; mais les nationaux ne l'écoutèrent pas et fouillèrent le wagon dans ses coins et recoins.

N'ayant point trouvé celui qu'ils cherchaient, ils pénétrèrent successivement dans tous les wagons jusqu'au dernier, où ils découvrirent enfin le général Chanzy. Celui-ci n'avait pas le moins du monde songé à se cacher ; il était en tenue de campagne et portait sur sa poitrine la plaque de la Légion d'honneur.

— Au nom de la loi, je vous arrête ! lui dit un garde national.

— Au nom de quelle loi ? demanda Chanzy très surpris.

— Au nom du Comité de la garde nationale.

— Je m'incline devant la force, répliqua le général.

On descendit de wagon. M. Turquet, qui avait suivi cette scène avec un étonnement inquiet, s'approcha alors, se nomma et pria le général de lui permettre de l'accompagner. Chanzy refusa, il ne voulait exposer personne aux dangers qu'il pouvait courir.

— Acceptez, je vous en prie, insista M. Turquet, le péril est peut-être plus sérieux que vous ne le pensez.

— Je n'imagine pas, dit Chanzy, quel grief on peut avoir contre moi qui ne suis pas un personnage politique.

— Il faut s'attendre à tout, reprit M. Turquet, je suis député de l'Aisne ; vous, des Ardennes ; on respectera peut-être mieux deux députés qu'un seul.

Le général consentit alors, et on les conduisit tous les deux à la mairie du XII$^{e}$ arrondissement.

Sur leur passage la foule s'amassait, grossissant à chaque minute. On prenait Chanzy pour le général Ducrot. « A mort Ducrot ! à mort le traître ! » criait-on.

Chanzy a raconté plus tard ces souvenirs lugubres ; il le faisait en souriant, simplement, sans exagérer les dangers courus, en homme qui ne redoute ni ne souhaite la mort. Il racontait, d'une façon calme et charmante, comment, dans la petite salle de la mairie où il avait été conduit, il était couché en joue toutes les deux minutes. Un gamin de dix-huit ans, armé d'une baïonnette, cherchait à lui porter des coups. « Mais c'était un scélérat, ce garçon-là ! » s'écria un jour un des interlocuteurs du général.

— Pas du tout, dit Chanzy, c'était un imbécile ; sa baïonnette n'avait aucun sens.

Les deux prisonniers avaient été reçus par un nommé Léo Millet, futur membre de la Commune. Ce personnage s'opposa énergiquement aux premières fureurs populaires et assura ses prisonniers qu'il les protégerait contre tous au péril de sa vie.

Un peu plus tard Chanzy et M. Turquet devaient avoir l'occasion de reconnaître ce service en sauvant à leur tour Léo Millet, lors de l'entrée de l'armée de Versailles dans Paris.

Un ouvrier fondeur, qui se faisait appeler le général Duval et que le Comité central avait nommé délégué à la préfecture de police, arriva en ce moment et, s'approchant de Chanzy : « Citoyen général, dit-il, au nom des lois de la guerre, je vous fais mon prisonnier.

— A votre aise ! répondit Chanzy.

— J'entends être arrêté de même ! dit M. Turquet.

— Soit, répliqua Duval ; mais qui êtes-vous ?

— Je suis M. Turquet, député de l'Aisne.

— Alors je ne puis vous arrêter.

— M. Chanzy est député également ; vous l'arrêtez bien !

— Oh ! lui, c'est différent ; mais, puisque vous y tenez, je vous arrêterai au même titre que lui, comme militaire, car vous devez l'être : vous portez le ruban de la Légion d'honneur.

— Eh bien ! arrêtez-moi comme sergent-major.

M. Turquet rappelait ainsi le grade qu'il avait eu dans l'armée. Pendant la guerre il s'était engagé dans les éclaireurs de la Seine, avait été blessé trois fois et décoré après le combat de la Malmaison.

L'ordre d'écrou fut ainsi libellé par Duval : « Le citoyen Gourdin, chef de la maison militaire du

9e secteur, écrouera le citoyen général Chanzy et le sergent qui l'accompagne. »

Léo Millet, qui devait les mener en prison, les conduisit dans son propre appartement, où il les fit garder par cinq officiers de la garde nationale.

Chemin faisant, il leur avait appris la fin tragique des généraux Lecomte et Thomas, et les deux députés avaient compris qu'ils étaient tombés en pleine révolution.

A peine Chanzy et M. Turquet étaient-ils installés dans le salon de Millet qu'on entendit autour de la maison un indescriptible tumulte. « A nous les traîtres! criait-on ; livrez-les à la justice du peuple ; jetez-les par la fenêtre ! »

Des gardes nationaux voulaient forcer les portes et tentaient d'entrer dans l'appartement.

Millet vint leur déclarer avec une superbe énergie qu'il répondait des prisonniers et qu'il ne laisserait pas violer son domicile.

Cédant cependant à la prière de Chanzy qui pensait donner ainsi une légère satisfaction au peuple, il ouvrit la fenêtre afin que la populace pût de la rue voir et surveiller les deux prisonniers.

Mais bientôt les cris devinrent plus menaçants, plus furieux ; on demandait que Chanzy fût conduit en prison, ou fusillé séance tenante. Pour la troisième fois, des gardes nationaux tentèrent d'envahir le salon. Millet et les cinq officiers de la garde nationale, armés de pistolets et de sabres, défendaient courageusement l'entrée de la salle, mais ils ne pouvaient longtemps tenir tête à la foule, et Chanzy s'interposa : « Ma vie, dit-il à Millet, peut être sacrifiée, bien que je préférasse tomber sous une balle prussienne ; mais je tiens à ne pas vous perdre avec moi ; menez-moi en prison, si vous le pouvez ; et à la garde de Dieu ! »

Léo Millet se décida à suivre cet avis et conduisit, sans trop de peine, les deux prisonniers à la geôle du 9e secteur ; le trajet se fit plus aisément qu'il ne l'avait espéré.

Lorsqu'ils furent arrivés, l'attitude des gardes nationaux changea ; ils présentèrent les armes au général quand il passa devant eux, et, durant deux jours, les prisonniers furent traités avec une certaine

ARRESTATION DU GÉNÉRAL CHANZY

déférence ; mais, au bout de ce temps, la populace se massa de nouveau, plus menaçante que jamais, autour de la prison du secteur.

On commençait à craindre sérieusement pour la vie de Chanzy, et Millet donna l'ordre de le transférer à la prison de la Santé.

Quant à M. Turquet, il n'avait pu poursuivre son acte de dévouement : on l'avait mis en liberté, dès qu'on eut acquis la certitude qu'il était représentant du peuple, mais non pas officier d'ordonnance du général Chanzy. Léo Millet le reconduisit lui-même à la gare de Saint-Lazare et l'accompagna jusqu'à Versailles.

Trois autres prisonniers montèrent avec Chanzy dans la voiture qui devait le transférer à la prison de la Santé : c'étaient le général de Langourian, M. Ducauzé de Nazelles, capitaine au 5e cuirassiers, et M. Gaudin de Villaine, lieutenant au 75e de marche.

La voiture s'ébranlait quand une foule hurlante la cerne, l'arrête, en arrache violemment les officiers et veut, séance tenante, les « aligner au mur ».

— Eh bien ! cria Millet d'une voix vibrante, fusillez-moi le premier, mais je vous préviens que vous n'y parviendrez pas que je n'aie auparavant cassé la tête à une demi-douzaine d'entre vous.

Les énergumènes s'arrêtent un instant, et Millet en profite pour essayer de leur faire comprendre que ceux qu'ils veulent égorger sont les défenseurs de la France, que l'un d'eux est un général qui s'est couvert de gloire en se battant admirablement contre les Prussiens.

— Ah ! c'est Chanzy, crie un furieux, tant mieux ! il faudrait les tenir tous, les traîtres, les vendus, les capitulards ! A mort les capitulards !

Et la foule abêtie répète cent fois ces paroles de mort ; elle se rue sur les prisonniers et les frappe lâchement.

Lorsqu'il arriva à la prison, Chanzy était méconnaissable ; le visage sanglant, la tête nue, les vêtements déchirés, les épaulettes et la croix arrachées, il faisait mal à voir. Au moment d'en franchir le seuil il fut poussé par terre et allait être impitoyablement foulé aux pieds, lorsque le gardien concierge Villemain se jeta au-devant de lui et le releva, parant en même temps un coup de crosse destiné à l'illustre prisonnier.

— Il faut leur pardonner, dit Chanzy ; les malheureux! ils ne savent ce qu'ils font.

Il était temps de dérober les prisonniers à la vue de cette foule idiote, qui s'était répandue dans la cour et le rond-point et continuait à vociférer. Mais, dès que les objets de cette haine folle eurent disparu, elle se calma et finit par s'éloigner.

Pendant ce temps, la famille et les amis du général, en proie à une indicible inquiétude, tentaient d'obtenir son élargissement et faisaient dans ce but d'actives démarches auprès du Comité central. Ce fut sans résultat ; on s'adressa à Raoul Rigault, le futur procureur de la commune. — Nous n'en voulons pas à Chanzy, répondit le révolutionnaire, nous n'avons aucun grief contre lui dans le passé; nous l'avons arrêté simplement par précaution.

Les fédérés craignaient néanmoins toujours que le général ne leur échappât et faisaient surveiller activement les abords de la prison. Un des détenus étant mort, les hommes du 101e bataillon, qui avaient la garde du poste, exigèrent qu'on leur montrât le cadavre et déclouèrent le cercueil pour s'assurer que ce n'était pas le héros de la Loire qu'on essayait de faire sortir de prison par une lugubre supercherie. Pour plus de sûreté on fit accompagner le corbillard par un peloton de gardes nationaux jusqu'au cimetière d'Ivry.

La captivité, si pénible à certaines natures, n'altéra en rien l'énergie de Chanzy. Charles Beslay, le général Cremer et l'avocat Sarrazin furent seuls admis à le visiter. « On avait fait à Chanzy l'honneur d'une double cellule, a raconté l'avocat Sarrazin. Je le trouvai là assis devant une table et lisant. Au premier moment, sa vue me fit presque oublier dans quelles conditions je le retrouvais. Je ne l'avais pas vu depuis la bataille de Vendôme. Mais les portes ouvertes et la présence de deux fédérés qui écoutaient en dehors me rappelèrent bientôt à la réalité. Ce qui me frappa surtout, ce fut le calme, la sérénité absolue du général après de pareilles épreuves. Il avait sur le visage les traces encore vives des coups qui lui avaient été portés. Il me raconta son arrestation simplement, sans ombre de colère, de fiel ou de dépit, mais plutôt avec cette netteté et cette précision qui sont propres aux hommes supérieurs, habitués à voir les faits en eux-mêmes, dans leurs causes et dans leurs enchaînements, et sachant les dégager des impressions ou des préoccupations personnelles : qualité suprême chez un chef d'armée. On eût dit qu'il racontait un fait de guerre.

« Ils m'ont pris pour un autre, disait-il, et ne savaient pas ce qu'ils faisaient. Et puis, il y a toujours des honnêtes gens dans ces sortes de cohues, car je me suis aperçu que ceux qui me serraient de plus près s'étaient emparés de moi pour me sauver, et qu'ils recevaient eux-mêmes des coups qui m'étaient destinés. »

Le général Cremer n'abandonnait pas l'espoir d'obtenir la mise en liberté de Chanzy. A force d'instances il finit par arracher du Comité central un ordre d'élargissement ainsi conçu : « Le citoyen Duval mettra immédiatement le général Chanzy en liberté. »

C'était le 25 mars; il y avait huit jours que Chanzy était incarcéré.

Duval laissa au général Cremer le soin de l'exécution, et celui-ci, accompagné d'un membre du Comité central, vint à minuit se présenter à la prison. Les fédérés du poste dormaient profondément; il prit grand soin de ne pas les réveiller, arriva sans difficulté jusqu'auprès du délégué du directeur qui signa le certificat d'élargissement. Chanzy et ses compagnons revêtirent des habits bourgeois et partirent ensemble.

Mais le héros de la Loire n'était pas au terme de ses tribulations. Il dut être présenté au Comité central et assista, écœuré, à l'une des séances de ce fameux Comité.

« C'était, raconte le général Cremer, c'était un spectacle navrant de voir ces salles de l'Hôtel de Ville pleines de gardes nationaux. Quand on montait par le grand escalier, il y avait dans la grande salle tout ce que l'orgie peut avoir de plus ignoble, des hommes et des femmes ivres; on traversait deux ou trois salles plus calmes, et l'on arrivait à une autre qui donne à l'angle de l'Hôtel de Ville et du quai.

« C'est là que le Comité central tenait ses séances. Ils se prenaient aux cheveux au bout de cinq minutes de délibération ; il n'y a pas de cabaret qui puisse donner l'idée des délibérations du Comité central; tout ce qu'on a imaginé d'excentrique dans ces derniers temps pour les petits théâtres n'est rien à côté de ce que j'ai vu... Ils n'étaient jamais plus de six ou sept en délibération. Les uns sortaient, les autres rentraient ; il y en avait qui étaient ivres; ceux-là étaient les plus assidus, parce qu'ils ne pouvaient pas s'en aller. J'en remarquai un de taille moyenne, trapu, ayant les cheveux longs, grisonnants, la barbe mal tenue, qui avait toujours son chassepot sur l'épaule gauche; quand il parlait, à chaque phrase, il prenait son chassepot, vous couchait en joue, et, quand la phrase était finie, il remettait son chassepot sur l'épaule. »

« Non, jamais, s'écrie un autre témoin, je n'oublierai le spectacle qui s'offrit à ma vue, lorsque j'eus franchi le seuil de la salle qui venait de s'ouvrir devant nous. Qu'on se figure, assis autour d'une longue table, des hommes à la tenue débraillée, aux manières communes, hâves, sales, ébouriffés, parlant tous en même temps avec des gestes furibonds et paraissant toujours prêts à se jeter les uns sur les autres. Et quel langage, quelles expressions, quel cynisme! C'était à croire que tous les personnages de Callot étaient descendus de leur cadre et faisaient ripaille, ce jour-là, à l'Hôtel de Ville. »

Devant cet ignoble Tribunal, Cremer usa de ruse et obtint sans peine que l'ordre de l'élargissement de Chanzy fût confirmé. Mais à peine le général avait-il disparu que l'Assemblée se repentit de son bon mouvement.

Ils proclamèrent bien haut qu'ils avaient été des sots de laisser échapper un otage autrement précieux que tous les autres, et il fut décidé à l'unanimité que Chanzy serait traqué, repris et réincarcéré. Heureusement pour le général il avait à la séance un ami qui seul connaissait sa retraite. Celui-ci courut l'avertir et lui dit de fuir aussitôt.

Chanzy se leva, partit à pied au milieu de la nuit,

prit le chemin de Versailles et arriva dans cette ville le lendemain matin.

Ce jour-là même Paris devait élire le Gouvernement définitif de la Commune.

L'Assemblée nationale reçut avec un véritable enthousiasme le général Chanzy. L'amiral Jauréguiberry, montant à la tribune, prononça des paroles pleines de courtoisie et d'émotion, qui furent couvertes des applaudissements de l'Assemblée : il s'était fait ainsi l'interprète fidèle des sentiments et de la joie de tous.

---

## CHAPITRE XVI

### CHANZY GOUVERNEUR GÉNÉRAL DE L'ALGÉRIE

Dans les années qui suivirent immédiatement les événements que nous venons de raconter, Chanzy fut successivement député, sénateur, président du centre gauche ; mais ce rôle d'homme politique allait mal à sa nature de soldat, simple et droite. Le 11 juillet 1873, il fut nommé gouverneur général civil de l'Algérie, en même temps que commandant des forces de terre et de mer de cette colonie.

En apprenant cette promotion qui le plaçait à la tête d'une administration et d'une armée, Chanzy se souvint de ses jeunes années, du vieux palais d'Alger qu'il avait habité comme simple officier d'ordonnance du gouverneur général Charron. C'était en 1849 ; il était loin de songer alors qu'à son tour il y reviendrait comme chef. « Je connais l'Algérie, disait-il, et elle me connaît ; c'est dans ses camps et dans ses bureaux que j'ai gagné tous mes grades, jusqu'à celui de général de brigade ; si elle arrive à m'aimer comme je l'aime, une ère véritable de bonheur s'ouvre devant nous. »

Sous le prédécesseur de Chanzy, l'amiral de Gueydon, le gouvernement civil et le gouvernement militaire étaient séparés ; en les réunissant dans les mains de Chanzy, c'était une administration militaire que l'on donnait à l'Algérie. Ce système, nécessité par la prudence, soulevait depuis longtemps de vives contestations. Bientôt, dans la presse algérienne et dans les journaux officieux, le mot d'ordre fut donné de réclamer un gouverneur civil. On oubliait ainsi que le régime militaire était encore indispensable, comme protection, à 300,000 Européens, entourés de 3,000,000 de musulmans indigènes.

La jalousie n'était pas étrangère à ces violentes attaques. En effet, la situation offerte au général était incontestablement la plus brillante qu'il eût jamais pu rêver. Un pouvoir sans limite et sans contrôle, un traitement magnifique, de splendides résidences, toute une armée sous ses ordres; il y avait bien là de quoi exciter l'envie de ses détracteurs et lui inspirer, à lui, un orgueil qui eût paru légitime. Mais Chanzy, comme tous les grands cœurs, était inaccessible aux jouissances de la vanité. Il goûtait peu les distractions du dehors et se contentait, avec un rare bonheur, des joies simples et douces de la famille. Son plus grand plaisir était alors d'accompagner, à la promenade, sa fille Gabrielle, lorsqu'elle sortait à cheval. Il paraissait fier de cette belle et gracieuse enfant de dix-sept ans et jouissait de l'admiration qu'on lui témoignait. Tous les yeux s'arrêtaient sur le père et sur la jeune fille quand ils sortaient ainsi tous les deux, par la porte de Ban-Azoun, précédés et suivis d'une escorte de spahis aux longs burnous rouges.

Les travaux de Chanzy, durant les quelques années qu'il passa en Algérie comme gouverneur, furent considérables.

Son premier soin fut de se rendre dans la Grande-Kabylie, encore émue de l'insurrection de 1871, et de ramener le calme dans les esprits toujours surexcités.

LE CARDINAL LAVIGERIE

Il s'efforça de faire renaître partout, chez les indigènes et chez les colons, la paix et la sécurité. « Nous allons commencer nos travaux, disait-il à la première séance du Conseil supérieur ; nous discuterons loyalement, comme des hommes qu'anime une confiance réciproque et qui se laissent guider par le désir d'être utiles au pays. »

Chanzy aimait les Arabes ; il les avait longtemps fréquentés, les jugeait sans prévention, désirait leur faire une place dans le développement pacifique de l'Algérie et essayait de les gagner petit à petit à la civilisation.

Or, à ses yeux, le moyen le plus efficace était l'instruction des indigènes.

« S'il est un progrès, écrivait-il, dont puisse s'enorgueillir l'Algérie, c'est celui qui se manifeste dans l'instruction publique ; l'honneur en revient à la population si intelligente de la colonie. J'ai pu constater moi-même, en visitant successivement les localités des trois provinces, la bonne tenue des écoles et l'empressement avec lequel elles sont fréquentées. »

Selon Chanzy, « le meilleur remède pour émousser

le fanatisme » était l'instruction, l'éducation, la persuasion par l'exemple.

Il partageait en cela l'opinion de Mgr Lavigerie, qui écrivait en 1873 : « Pour l'expansion du catholicisme, je ne demande pas autre chose que la persuasion et la liberté ; et cette liberté même, je ne veux pas en user encore par la prédication directe de la foi aux Arabes. Non, je crois que cette prédication faite imprudemment, au lieu de hâter l'œuvre, l'éloignerait et la rendrait à jamais impossible, en faisant naître le fanatisme. Je pense que le rapprochement doit s'opérer peu à peu, par l'exemple, par les bienfaits, par la charité, par le temps enfin, l'artisan ordinaire de toutes les choses durables. »

Chanzy se préoccupait de réunir les Arabes et les Européens dans les mêmes établissements d'instruction et de faire apprendre aux uns le français, et aux autres l'arabe. « Il faut, disait-il, que les enfants s'élèvent ensemble sans distinction d'origine ; c'est le seul moyen de faire disparaître l'éloignement que les diverses races conservent les unes vis-à-vis des autres. »

Poursuivant cette même idée, Chanzy formait le projet de créer des écoles spéciales d'agriculture et de métiers, où les jeunes gens du pays, Arabes et Européens, auraient pu devenir de bons agriculteurs et de bons ouvriers.

Il encouragea encore les diverses industries qui naissaient et se développaient rapidement en Algérie. Il facilita, entre autres, de tout son pouvoir, l'exploitation des minerais et de l'alfa.

L'alfa est une graminée précieuse avec laquelle on fabrique le papier. Ce « textile inépuisable, si recherché et si utilisé », couvre une surface de près de cinq millions d'hectares sur les hauts plateaux qui occupent le centre du massif de l'Atlas et séparent le Tell du Sahara. Partout où le chiffon manque, l'exploitation de cette plante devient une véritable source de richesses.

Grâce encore à Chanzy, l'extraction des minerais devint une industrie prospère, car on sait que l'Algérie n'est d'un bout à l'autre qu'un gisement de fer.

Sous son administration, le mouvement des affaires augmenta considérablement, et l'agriculture fit de grands progrès. Il facilita par tous les moyens la colonisation européenne. Créer ou agrandir de nouveaux centres fut son œuvre de prédilection durant les six années de son gouvernement : il fit bâtir ou agrandir cent soixante-seize villages pour lesquels il eût toujours soin de choisir un emplacement favorable, à proximité d'un cours d'eau. « Un centre bien situé, doté de ce qui est nécessaire, disait-il, est un résultat sérieux qui encourage la colonisation; un village qui souffre, végète et se dépeuple, est un insuccès qui la compromet. »

Chanzy eut soin de relier entre eux ces villages par de belles routes praticables en toute saison ; « car, disait-il encore, l'éparpillement est un obstacle ou un danger ; la colonisation éparse ne s'entr'aide pas. Il faut la grouper, éviter l'isolement nuisible à la sécurité, aider aux transactions par des relations faciles, assurer l'administration par une action plus directe. »

Enfin, Chanzy protégea l'exécution de plusieurs voies ferrées et projeta de créer dans l'ensemble des pays berbéresques, y compris le Maroc et la Tunisie, un immense réseau dont les tronçons différents, dirigés les uns vers la mer, les autres vers le Sahara, devaient porter partout dans ces vastes pays la foi, la civilisation, la prospérité.

Les tribus berbères de l'intérieur, qui sont les descendants des anciens chrétiens d'Afrique, ont gardé dans leur apostasie bien des restes du christianisme et diffèrent sensiblement des autres races qui peuplent la colonie africaine. A l'arrivée des Français à Alger, ils trouvèrent, dans les villes du littoral, des Arabes et des Maures, ceux-ci descendant des anciens musulmans chassés d'Espagne, ceux-là venus au VII^e^ siècle de la péninsule arabique. Mais les Berbères descendent des chrétiens vaincus par les sectateurs de Mahomet, lorsque ces derniers envahirent l'Afrique au VIII^e^ siècle. Les chrétiens, forcés d'abandonner aux vainqueurs les villes du littoral, les plaines fertiles et les vallons riants des bords de la mer, se réfugièrent les uns dans les montagnes inaccessibles de l'Atlas (Kabyles), les autres dans les oasis du grand désert (Mzabites et Touaregs). Ils conservèrent intacte leur langue nationale et gardèrent en partie leurs traditions civiles et religieuses. Il paraît même que jusqu'au

XIe siècle ils eurent un clergé régulièrement ordonné, puisque l'évêque africain Servandus vint se faire sacrer à Rome par le saint pape Grégoire VII, d'où il retourna au milieu de son troupeau. C'est le dernier document historique qui nous soit parvenu sur les chrétiens d'Afrique.

Il est probable que, perpétuellement refoulés loin des côtes et n'ayant avec l'Europe chrétienne aucune communication, ils perdirent successivement leurs prêtres et leurs évêques et se laissèrent peu à peu gagner par le mahométisme.

Il est à remarquer qu'aujourd'hui encore les Arabes refusent de les reconnaître pour de vrais croyants, et que la haine la plus vivace n'a cessé d'exister entre les Arabes, la race conquérante, et les tribus berbères de l'intérieur. Il est bien fâcheux qu'à l'époque des conquêtes, cet antagonisme de races et de croyances ait été ignoré des Français. En s'appuyant sur les Berbères, qui forment les trois quarts de la population algérienne, il leur eût été facile de soumettre les Arabes et de s'assurer la possession tranquille du pays.

Sans doute, ces Berbères sont musulmans, mais combien ils diffèrent des vrais Arabes ! D'abord, en subissant le Coran comme loi religieuse, ils ont toujours refusé de l'accepter comme loi civile. Leur Code national est le Droit romain et porte un nom significatif, *el Kanoun*, le canon, mot d'origine évidemment chrétienne. Chez eux, l'organisation municipale, la constitution de la propriété sont réglées sur le Droit romain. Il en est de même de la famille ; pendant que tous les peuples musulmans, de la Chine au centre de l'Afrique, ont embrassé la polygamie et réduit la femme en esclavage, seul le Berbère a conservé la monogamie chrétienne ; il n'a qu'une épouse, et cette compagne unique est son égale au foyer domestique, elle jouit de tous ses droits civils, elle n'est pas forcée de se voiler le visage et de s'enfermer dans un harem ; elle est traitée, dans les tribus, avec un respect et des égards chevaleresques. Évidemment, il y a là un souvenir des traditions et des enseignements du christianisme.

Il y a quelque chose de plus significatif encore : on sait l'horreur que tous les vrais musulmans ont pour la croix, qu'ils regardent comme un signe de honte et de malédiction. Dans toutes les tribus berbères, au contraire, la croix est en honneur. Les hommes la portent tatouée sur le front et sur la main, et ils se rendent parfaitement compte de sa signification.

Voici une conversation qui eut lieu, à ce sujet, entre un professeur du grand séminaire d'Alger et un Kabyle :

— Que portes-tu inscrit sur le front et sur la main ?

— C'est le signe de l'ancienne voie.

— De quelle voie veux-tu parler ?

— De celle que suivaient nos pères.

— Pourquoi l'as-tu gravée sur ton front ?

— Parce que c'est un signe de bonheur.

— Pourquoi ne suis-tu pas la voie de tes pères, puisque c'est la voie du bonheur ?

— Moi, non, je suis né musulman et je mourrai musulman ; mais mes fils mourront chrétiens, et mes petits-fils naîtront chrétiens [1].

[1] Ces détails sont empruntés aux Missions catholiques.

On voit que ces populations ont gardé un souvenir très vif de leur origine chrétienne, et qu'il ne serait peut-être pas très difficile de les ramener doucement dans la voie de leurs ancêtres.

Chanzy a caressé cet espoir. Il se peut qu'un siècle s'écoule avant que ce grand projet soit réalisé, mais à lui revient l'honneur d'en avoir en quelque sorte commencé l'exécution.

Déjà il a eu la joie de présider à l'inauguration des lignes de Bône à Guelma, de Bône à Aïn-Mokra et de Sainte-Barbe-du-Tlélat à Sidi-bel-Abbès.

En Tunisie, il a étendu le réseau télégraphique et fait construire la voie ferrée de Souk-Arras à Tunis. Partout il fit veiller à l'entretien et à la création de nouvelles routes et fit jeter le pont de l'Oued-Sebaon sur la route de Delhys, celui de l'Oued-el-Kebir sur la route d'Alger à Laghouat, et celui de Chélif, de Boghari à Boghar.

A cette époque remontent encore l'établissement d'un service météorologique, l'amélioration des ports, la prolongation des jetées d'Alger et de Mostaganem, la réparation de celles de Ténès et d'Oran.

L'activité de Chanzy tenait du prodige, il s'intéressait à tout, songeait à tout, veillait à tout, mais rien n'excitait davantage son intérêt que le développement moral et religieux des populations algériennes. D'un esprit très large, il respecta toujours l'opinion de chacun, mais favorisa de tout son pouvoir les croyances catholiques qui étaient les siennes. Personne plus que Chanzy n'était digne d'apprécier, de seconder et de comprendre le cardinal Lavigerie. En réalité, les deux hommes poursuivaient avec sincérité, avec courage et avec une conviction profonde la civilisation de l'Algérie. Chanzy comprit, approuva et aida les nombreuses entreprises du cardinal Lavigerie. E quand le prélat, dans son zèle débordant, voudra arracher à l'esclavage et à des cruautés sans nom les pauvres noirs de l'Afrique centrale, Chanzy sera là encore pour l'encourager et pour soutenir, le long du Nil et des grands lacs, l'installation hardie des missionnaires d'Alger devenus populaires sous le nom de Pères blancs.

Aussi bien que l'évêque, le général saluait de loin la grande œuvre de la colonisation et de la civilisation chrétiennes de ces immenses pays et apprenait avec bonheur que désormais les solitudes redoutables du Sahara allaient former une préfecture apostolique avec d'intrépides religieux dont les pieuses caravanes sillonneraient en tous sens le désert et le féconderaient de leurs sueurs et, au besoin, de leur sang.

Si Chanzy crut devoir refuser à l'archevêque d'Alger une escorte militaire pour les missionnaires envoyés chez les Touaregs, c'est qu'il n'était pas assez sûr que cette escorte fût une protection efficace. Il craignait que ces entreprises tentées en pays inconnu, parmi les tribus barbares et sous un climat meurtrier, ne fussent prématurées et n'eussent un dénouement fatal. Sous ce rapport, il voyait juste, et le massacre de l'expédition Flatters lui a donné raison depuis.

« Sous le gouvernement de Chanzy, disait après sa mort un journal algérien, la colonisation reçut une énergique impulsion. Ses œuvres resteront, et, lorsque les haines de partis se seront apaisées, l'histoire impartiale reconnaîtra que Chanzy fut un des hommes qui contribuèrent le plus efficacement au développement colonial de ce magnifique pays. »

Chanzy n'acheva pas toutes les œuvres qu'il avait entreprises, ne réalisa pas toutes celles qu'il avait conçues ou préparées ; mais il avait tracé le sillon, jeté la semence, et d'autres aujourd'hui récoltent le fruit de son infatigable labeur.

## CHAPITRE XVII

### L'AMBASSADE DE RUSSIE

L'attaque contre le gouverneur de l'Algérie prit bientôt un caractère si passionné que les journaux en vinrent à le représenter comme un ennemi déguisé des institutions du pays et qu'il fut invité, sous main, à donner sa démission.

« Je ne me cramponne pas à mon gouvernement comme à un portefeuille, écrivait-il à cette époque à l'un de ses amis ; mais si l'on est mécontent de moi qu'on me remplace. »

On l'eût voulu, mais on ne l'osait pas. Cependant le coup fut fait lorsque la Chambre et le Sénat eurent repoussé les crédits utiles que Chanzy avait réclamés : l'Algérie obtint dans la personne d'Albert Grévy le gouverneur civil si chaudement réclamé, et Chanzy fut appelé à d'autres fonctions.

Le 18 février 1879, il fut nommé ambassadeur de France auprès de l'empereur de Russie, en remplacement du général Le Flô, qui demandait sa retraite.

Alexandre II et sa cour se montrèrent impatients de recevoir le nouvel ambassadeur. Dès la première entrevue, l'empereur fut gagné et témoigna au général la plus gracieuse sympathie. On était surpris et charmé de trouver dans le rude soldat une aisance parfaite, des manières à la fois simples et courtoises, un tact rare et un esprit élevé. L'accueil qui lui fut fait, l'ascendant qu'il sut exercer dès le début dans sa nouvelle carrière lui permirent de mener à bonne fin plus d'une négociation délicate.

Il visita la Russie dans toutes ses parties, s'efforça d'en comprendre l'organisation, d'en étudier le mécanisme militaire. En 1882, il assista aux grandes manœuvres de l'armée et témoigna vivement le cas qu'il faisait des soldats russes. Il adressa ensuite au ministère de la Guerre, en France, un rapport détaillé sur ce qu'il avait observé.

« L'Empereur, nous dit l'un des historiens de Chanzy, voulant lui donner une marque personnelle d'affection, l'avait autorisé à tout visiter dans les forteresses et dans les arsenaux. Chanzy vit en détail la célèbre fonderie de canons d'Oboukoff, où aucun étranger n'avait pénétré avant lui ; en un mot, jamais un ambassadeur, jamais un homme de guerre étranger, sauf peut-être M. de Moltke, ne fut aussi considéré en Russie que l'était Chanzy. »

En effet, peu de temps avant d'être assassiné par les nihilistes, Alexandre II nomma Chanzy grand-croix de l'ordre de Saint-Alexandre Newski. Alexandre III, ayant succédé à son père, voulut honorer, lui aussi, l'ambassadeur français : il prit la croix que l'empereur défunt portait le jour où il fut frappé et l'attacha de sa propre main sur la poitrine de Chanzy, en lui disant : « Vous étiez le meilleur ami de mon père ; personne n'est plus digne que vous de la porter. »

Plus tard, Alexandre III envoya encore au général son portrait en miniature, en souvenir de l'amitié de son père ; la lettre qui accompagnait ce don royal le toucha profondément ; on y rappelait les derniers moments d'Alexandre II, qui eurent pour seuls témoins les fils du souverain et l'ambassadeur de France.

Sur ces entrefaites, le gouvernement de la France subit une grave modification. Gambetta fut appelé au pouvoir, et Chanzy prévit qu'une guerre ouverte allait être faite à la religion catholique que le fougueux tribun avait si souvent désignée comme l'*ennemi* à combattre. Déclarant que ses idées n'étaient pas celles du nouveau ministère, l'ambassadeur donna sa démission, qui fut acceptée. Trois années d'une sage ambassade avaient suffi pour raffermir les liens d'amitié qui unissent les deux grandes nations et pour préparer l'alliance Franco-Russe.

A Saint-Pétersbourg les regrets furent unanimes, et l'on s'y souvint longtemps de l'ambassadeur Chanzy.

# CHAPITRE XVIII

## CHANZY COMMANDANT DE CORPS D'ARMÉE. — SA MORT SES FUNÉRAILLES

Chanzy rentré en France reçut, le 19 février 1882, le commandement du VI$^{e}$ corps d'armée, dont le quartier général était à Châlons-sur-Marne. Il revenait ainsi à sa véritable vocation, et il apporta, dans les moindres détails de son commandement, une vigueur et une application merveilleuses chez un homme qui touchait à soixante ans. Il acheva de coordonner ses idées sur la réorganisation des forces militaires de la France; parcourut la frontière de la Lorraine et la chaîne des Vosges en étudiant minutieusement les meilleures positions stratégiques ; développa parmi les soldats et les officiers l'amour de la discipline, du devoir ; fut assez heureux pour faire adopter plusieurs des réformes qu'il avait proposées. L'œil ouvert sur les progrès militaires de l'Allemagne, il s'efforça de faire comprendre à la France qu'il lui faut imiter sa rivale dans ce qu'elle a de bon, mais faire en sorte de la surpasser dans ce qu'elle a d'incomplet et de défectueux.

Député, sénateur, gouverneur général de l'Algérie, ambassadeur en Russie, Chanzy avait été partout à la hauteur des différents mandats qui lui avaient été confiés, mais partout le soldat s'était fait sentir. Son large esprit savait se plier à tous les emplois, mais une seule carrière le révélait tout entier : c'était celle des armes. Jeune homme, il l'avait choisie et l'avait aimée ; plus tard, elle avait fait sa gloire ; sur le seuil de la vieillesse, il y revenait sans réserve. Il avait gardé l'enthousiasme de la jeunesse, la vigueur de l'âge mûr, et son intelligence de l'art de la guerre s'était agrandie de tout ce que l'expérience et la méditation peuvent ajouter aux dispositions naturelles.

Il était né soldat, il devait mourir soldat. L'ambassadeur, le député, le sénateur avait disparu ; il ne restait que le général, le héros de la Loire.

Il attendait avec une sorte d'impatience l'heure de la revanche : cette heure à la fois désirée et redoutée, il eût voulu la voir arriver bientôt, et, quand on rappelait devant lui les combats terribles et glorieux des armées de la Loire, il répondait : « Ce n'est pas à hier qu'il faut penser, c'est à demain. »

Demain, comme hier, n'était-il pas l'homme sur lequel la patrie pouvait compter ? Mais Chanzy disait : « Je me sens vieillir, et si ce demain se fait trop attendre... »

Tout cependant faisait présager à Chanzy de longs jours encore, et les fêtes du nouvel an 1883 avaient réuni autour de lui toute sa famille qu'il chérissait tendrement et de laquelle, en retour, il était profondément aimé.

Le 4 janvier, il monta à cheval selon son habitude, passa la soirée à la préfecture de Châlons, prit part à la conversation comme de coutume, rentra chez lui vers minuit et se coucha. Mais, vers sept heures du matin, quand son valet de chambre vint lui offrir ses services, il ne répondit pas à son appel. « Mon général ! » répéta plusieurs fois le domestique. N'obtenant aucune réponse, ne voyant aucun mouvement, il fut pris d'inquiétude et courut chercher le médecin. Celui-ci arrivait trop tard : Chanzy était mort entre deux et trois heures du matin, d'un épanchement au cerveau.

On se figure quelle fut la douloureuse surprise de tous en recevant la terrible nouvelle. La famille désolée ne pouvait croire au malheur, et la France entière apprit avec une profonde émotion cette catastrophe si complètement imprévue.

Quatre jours auparavant, à la dernière heure de l'année 1882, Gambetta avait rendu le dernier soupir. Ainsi disparaissaient presque en même temps les deux hommes qui avaient personnifié la Défense nationale.

« Ce rapprochement en appelle d'autres, s'écrie l'historien du héros de la Loire. Chanzy, Gambetta, que de similitudes, et cependant, au fond, quel contraste ! Tous deux avaient travaillé de concert à arracher la France à l'invasion étrangère : l'un faisant surgir les bataillles, l'autre les disciplinant et les dirigeant; l'un exaltant leur courage par sa parole enflammée, l'autre leur donnant confiance par son autorité énergique; l'un les poussant à l'ennemi (de loin et sans les suivre, différent en cela de Saint-Just qu'il prétendait avoir pris pour modèle), l'autre les guidant sous la mitraille ; l'un, enfin, apportant à la tâche sacrée son enthousiasme de tribun, l'autre son ardeur tranquille ; mais tous deux un coup d'œil prompt, un talent d'organisation remarquable, et surtout une infatigable activité, une ténacité qui leur inspira l'héroïque folie de résister encore après la chute de Paris et de la plupart de nos forteresses, et de tenter la fortune des armes alors que nous n'avions plus d'armée. Inconnus la veille, ils sortirent populaires de cette lutte désespérée et, malgré leurs défaites, restèrent à jamais glorieux. La France leur fut reconnaissante d'avoir sauvé son honneur ; elle les associait dans un même sentiment d'admiration et d'espoir ; elle plaçait en eux sa suprême ressource pour de nouveaux combats ; et voici que tous deux lui manquaient en même temps, et que leur perte ajoutait aux angoisses prochaines de l'heure inévitable, à la fois redoutée et désirée, d'une guerre de revanche.

« Mais, lorsque sera tombée la poussière des passions contemporaines, on verra de quel alliage fut mêlé l'or éclatant du patriotisme de Gambetta, et combien celui de Chanzy fut plus pur et plus digne des hommages de la postérité. Gambetta voulait sauver la France, mais après avoir sauvé tout d'abord la forme du gouvernement qui avait ses préférences ; c'était un patriote républicain ; Chanzy fut un patriote sans épithète.

« Ce n'est pas à Chanzy qu'il faut imputer le grand, l'irréparable désastre du Mans, c'est à Gambetta, qui, dans un intérêt de parti, d'ailleurs problématique et éloigné, avait refusé d'exercer et d'armer 60,000 Français qui ne demandaient qu'à marcher. La différence entre les mobiles qui les animaient s'accentua plus encore dans la paix. Chanzy continua à servir la patrie pour elle-même. Républicain, puisque la république était le gouvernement du pays, il s'attacha à tout ce qui pouvait réconforter, apaiser, unir ; Gambetta, au contraire, lança à pleines mains de nouveaux brandons de discorde. Il fit de sa république non plus un parti politique, mais une secte religieuse, ou, pour mieux dire, antireligieuse, et, par une juste punition de son aveuglement, nul ne contribua plus que lui à rendre précaire et incertain ce qu'il voulait fonder. Il devint le mauvais génie non seulement de la France, mais de la République, en soulevant les consciences contre cette dernière et en écartant les citoyens les plus vertueux, les moins amis de la révolution, tous, ou presque tous, disposés à se rallier sous la forme républicaine, si elle se fût présentée à eux tolérante, impartiale et sage, telle enfin que la comprenait Chanzy.

La mort de Gambetta et ses conséquences furent discutées : les sentiments se partagèrent ; mais sur la perte de Chanzy ils furent unanimes. »

« L'évêque de Châlons dit la messe dans la chambre mortuaire et donna la communion à tous les membres de la famille Chanzy. Gambetta, lui, avait eu des funérailles purement civiles ; ainsi le contraste se prolongeait jusque dans la mort. »

Toujours et partout, en effet, sans ostentation

comme sans faiblesse, Chanzy avait hautement, fièrement affirmé ses croyances. « La religion, disait-il à ses officiers, met au foyer domestique l'ordre et le bonheur ; sans elle, il n'y a pas d'homme complet, et les plus nobles croyances ont fait de la France le glorieux pays de la foi, des idées généreuses et de l'honneur. » Et il leur expliquait comment la croyance en Dieu et en une vie future est la vraie source de l'esprit de sacrifice et, par suite, de patriotisme.

La population entière et la garnison de Châlons vinrent, dans un respectueux et douloureux silence, comtenpler une dernière fois les traits du héros, donner un regard à ce noble visage calme et reposé dans son éternel sommeil.

Le général, en grand uniforme et ceint du grand cordon de la Légion d'honneur, reposait sur un catafalque entouré de draperies de deuil. Toutes les classes de la société vinrent lui adresser un suprême hommage, les ouvriers se cotisèrent pour lui envoyer des couronnes, et, le jour des obsèques, toutes les maisons de la ville arborèrent en signe de tristesse un drapeau roulé autour de la hampe et recouvert d'un crêpe.

Le président de la République avait immédiatement signé un décret d'après lequel les funérailles de Chanzy devaient avoir lieu à Paris, aux Invalides, et aux frais de l'État. Mais la famille du défunt préféra une cérémonie plus recueillie, plus religieuse, et les funérailles se firent à Châlons, où le général était universellement connu et aimé.

« Le cercueil était porté par des sous-officiers; les cordons tenus, du côté droit, par le général Péan, parent de Chanzy; M. Pelletan, vice-président du Sénat, et le général Lallemand, commandant en chef du Ier corps; du côté gauche, par M. de Crépy, père du gendre du général; M. de Philippoteau, député des Ardennes, et le général Willemot, chef d'état-major du ministre de la Guerre.

« Derrière le cercueil était conduit le cheval de bataille du général, caparaçonné de noir.

« Puis, venaient les deux fils du général, Georges et Louis, et le reste de la famille.

« Ensuite, le général Pittié, représentant le président de la République ; le maréchal de Mac-Mahon, le général Billot, ministre de la Guerre, et M. Fallières, ministre de l'Intérieur; puis, le corps diplomatique, dans lequel se trouvaient des représentants du Souverain Pontife, de la Russie, de l'Autriche-Hongrie, de l'Angleterre, de l'Italie, de la Prusse et de la Chine ; les commandants en chef de corps d'armée, au nombre de seize, le duc d'Aumale, une foule de généraux et d'officiers supérieurs, des délégations du Sénat, de la Chambre des députés, du Conseil d'État, de la Cour des comptes, enfin les préfets des départements limitrophes, tous les fonctionnaires, et, on peut le dire, toute la ville et les environs. »

L'évêque de Châlons, Mgr Sourrieu, commença son allocution par ces mots qui impressionnèrent vivement l'assistance : « S'il est vrai de dire que la patrie ne meurt pas, il y a pourtant des heures où une partie d'elle-même semble descendre dans la tombe avec un homme qui représentait son honneur d'hier, sa sagesse d'aujourd'hui, ses espérances de demain [1]. »

Les troupes défilèrent devant le corps, transporté

[1] J.-M. Villefranche.

sur la place de la Cathédrale à l'issue de l'office divin. Des discours furent prononcés; celui du général Billot, mâle et concis, résuma les sentiments de la France entière :

« Messieurs, je viens, au nom du Gouvernement de la République et au nom de l'armée, dire un dernier adieu au général Chanzy. Sa mort foudroyante a frappé de stupeur le pays tout entier; l'armée française est en deuil. Le pays a perdu un grand citoyen et un homme de bien? l'armée, un de ses plus illustres généraux. Il fut, au milieu de nos désastres, le héros de la défense nationale, et le nom de Chanzy consola la France dans ses jours de malheur. Il était pour l'armée notre plus chère espérance. Adieu, Chanzy! Du sein de Dieu où elle repose, ta grande âme rayonnera sur la France, et nous, tes amis et tes compagnons d'armes, guidés par tes exemples et fortifiés par le souvenir de tes vertus, nous continuerons sans défaillance à travailler pour le devoir et pour la patrie. Adieu, Chanzy, mon vieil ami de trente ans. Adieu! »

Durant la nuit, le corps fut gardé dans la cathédrale par les aides de camp du général, son fis aîné, les vicaires de la paroisse et les professeurs de l'école libre Saint-Étienne.

Le lendemain, il fut conduit à la gare et placé dans un fourgon qui devait le transporter à la station de Vouziers et, de là, à Buzancy, son pays natal.

« Nos Ardennes, raconte l'un de ceux qui accompagnèrent le convoi, nos Ardennes conserveront longtemps le souvenir de ce funèbre cortège s'avançant avec lenteur, sous un ciel sombre, à travers les forêts dépouillées où soufflait un vent glacial. M. Georges Chanzy, avec les aides de camp de son père, suivait, tête nue, le fourgon que traînait un attelage d'artillerie. Un escadron de chasseurs, venu de Stenay, formait l'escorte.

A chaque village qu'on traversait, les municipalités, les pompiers, les enfants des écoles venaient se joindre quelques instants au cortège; de toutes parts des paysans accouraient rendre à l'illustre soldat un dernier hommage et déposer sur son cercueil une modeste couronne. Touchantes marques de respect et d'affections qu'offraient spontanément à leur grand compatriote les bûcherons de l'Ardenne! Naïve et pieuse manifestation, qui fut une consolation pour le fils du général et lui donna la force de faire jusqu'au bout cette longue et douloureuse étape de Vouziers à Buzancy [1]. »

Le service funèbre eut lieu le 11 janvier et fut présidé par Mgr Langénieux, archevêque de Reims. Dans l'éloquente oraison funèbre qu'il prononça, nous cueillons ces pensées : « Il y a deux jours, disait l'archevêque, la France, par ses plus illustres représentants, venait à Châlons rendre les honneurs suprêmes au glorieux soldat qui, depuis plus de trente ans, l'avait servie et défendue sur les champs de bataille. L'Afrique, les montagnes du Liban, les plaines de la Lombardie, les rives de la Loire, surtout, où il défendait pied à pied le sol de la patrie, diront assez aux générations à venir les services et la gloire militaire du général Chanzy. Cet héroïque soldat était encore à la tête de ses troupes décimées lorsque vous l'avez nommé, à son insu, votre représentant. La paix est signée malgré lui, et, pour continuer à servir la France, il devient successivement administrateur et diplomate. L'Algé-

[1] Arthur Chuquet.

rie se réorganise rapidement sous sa direction à la fois paternelle et ferme. A Saint-Pétersbourg, il saura nous rendre la Russie bienveillante, parce qu'il a conquis en peu de jours l'estime et l'affection du Tsar. Sur sa demande, il est relevé de ses fonctions d'ambassadeur et, bientôt, placé à la tête du VIe corps d'armée. A quelles mains plus habiles ou plus vaillantes aurait-on pu confier la frontière ? »

« Nous sentirons, disait encore l'archevêque de Reims, cette perte plus que tous les autres, nous, Ardennais, dont il était le concitoyen, le bienfaiteur et l'ami... C'est aux habitants de Buzancy qu'il a voulu confier sa tombe, préférant une place dans leur modeste cimetière à celle qui lui était bien due, à côté des braves, sous le dôme des invalides. »

C'est donc à Buzancy qu'il repose au milieu des siens. Sous le ciseau d'un sculpteur ardennais, le marbre semble s'être animé : le général est étendu sur sa couche funèbre, serrant dans ses bras le drapeau français, qui l'enveloppe de ses plis : la tête du général est d'une grande ressemblance.

STATUE DU GÉNÉRAL CHANZY AU MANS

A Nouart, le village où il est né, un monument a été dédié à sa mémoire, et l'empereur de Russie Alexandre III, se souvenant de l'ancien ambassadeur, voulut y contribuer par une riche offrande.

Plus tard, le 16 août 1885, une statue lui fut élevée dans la ville du Mans, où il livra sa dernière bataille. Cette statue du général est l'œuvre du sculpteur Crank; le soubassement, formé des groupes de l'*Attaque*, de la *Défense*, de la *Résistance* et de la *Défaite*, est dû à Croissy.

Enfin, le 16 octobre 1892, la *Société du Souvenir français* a inauguré sur l'emplacement même du combat de Saint-Melaine, un monument consacré à la mémoire de Chanzy et de ses héroïques compagnons d'armes.

Bien que peu important par lui-même, le combat de Saint-Melaine offre ce caractère particulier qu'il fut le dernier livré par l'armée de la Loire, et qu'il marque le point extrême atteint dans l'Ouest par l'invasion étrangère.

Le 18 janvier 1871, une reconnaissance allemande, commandée par le général Schmidt et composée d'infanterie, de cavalerie et d'artillerie, s'avança jusqu'aux portes de Laval. Elle fut repoussée par le 27ᵉ mobiles (Isère), le 88ᵉ mobiles (Indre-et-Loire), soutenus par un certain nombre de pièces d'artillerie, dont une batterie de mitrailleuse.

Dans cette rencontre, les Français eurent 27 hommes atteints par le feu de l'ennemi, et c'est là, où ils tombèrent, sur la grande route du Mans, que s'élève le monument destiné à perpétuer ce souvenir. Il se compose d'une pyramide de pierres blanches quadrangulaire. Il porte comme ornement une palme et une tête de femme représentant la Patrie en deuil. L'expression douloureuse de cette figure, recouverte d'un voile taillé comme elle dans la pierre, est frappante de vérité.

Ainsi s'est réalisé le vœu exprimé aussitôt après la mort de Chanzy. « La France, disait-on, doit rendre un suprême hommage au général Chanzy et à l'armée de la Loire qu'il a commandée en chef. Il faut que l'illustre soldat que la France vient de perdre revive sur le théâtre même de son héroïque dévouement. Il faut qu'en lui soit honorée cette glorieuse armée qui, après tant de revers, défendit pied à pied le sol de la Patrie. »

Le Gouvernement français n'oublia pas, non plus, les éminents services rendus : il vota à la veuve de Chanzy, à titre de récompense nationale, une pension viagère réversible sur ses enfants jusqu'à ce que le plus jeune eût atteint sa majorité, car Chanzy, né pauvre, mourait pauvre. Celui qui avait occupé les positions élevées de gouverneur de l'Algérie et d'ambassadeur en Russie avait su rester pauvre, et ce n'est pas le moindre des éloges que la postérité pourra adresser à la mémoire du grand soldat.

Que le mâle et énergique exemple donné par lui aux jeunes générations, exalte leur courage, développe leur patriotisme et leur apprenne que les vertus du soldat, comme celles du citoyen, ont leur racine dans le sentiment religieux, sans lequel, quoi qu'on en dise, il n'y a ni dévouement, ni force, ni grandeur d'âme. Que les enfants d'aujourd'hui se persuadent bien qu'ils ne deviendront de bons soldats que s'ils sont de bons chrétiens ; que, pour sauver un pays, il faut avant tout avoir des hommes dont le caractère, rudement trempé par l'habitude du sacrifice, et du sacrifice fait pour Dieu, fortifie la volonté. La force morale d'une armée est la première condition de la victoire : quand chaque soldat fera son devoir entièrement et simplement, la France sera redevenue invincible, car l'armée, disait Chanzy, est la représentation la plus complète de la nation ; elle est la sauvegarde de son indépendance, de son intégrité et de son honneur ; elle est le sanctuaire des sentiments élevés qui l'animent. »

Ces sentiments élevés, l'armée, comme Chanzy, doit les puiser dans le sentiment du devoir. Le *devoir* fut pour Chanzy le « mot déterminant » qui fait juger de son caractère et de sa vie. « Chanzy fut l'homme du devoir ; il en eut le culte et l'enthousiasme ; c'est à faire son devoir qu'il mettait son honneur et sa dignité ; c'est à faire leur devoir qu'il excitait autour de lui les officiers et les soldats. » Il le fit toute sa vie ; c'est pourquoi il restera, pour tous ceux qui porteront un jour l'uniforme, un exemple et un encouragement. Chanzy leur montrera ce que c'est que le métier austère des armes, et comment, plus que tout autre, ce métier-là s'apprend au pied de Celui qui s'est appelé lui-même le Dieu des armées.

FIN

# TABLE





Tours, imp. DESLIS FRÈRES.

www.ingramcontent.com/pod-product-compliance
Ingram Content Group UK Ltd.
Pitfield, Milton Keynes, MK11 3LW, UK
UKHW020135220726
13923UKWH00001B/180

9 782019 999414